JN148074

ことばの授業づくりハンドブック

中学校・高等学校

文学創作の学習指導

・実践史をふまえて・

元早稲田大学特任教授・神戸大学名誉教授
浜本純逸【監修】
武藤清吾【編】

溪水社

目　次

本書の使い方――「協力・協同の学び」を考えている先生方におくります

A　どこからでも読めます

■Ⅱ・Ⅲ（第4章を除く）・Ⅳは、次の構成が基本です。各章では3から6実践を紹介。どこから読んでも役立ちます。

一　授業実践上の課題

二　授業実践例について

1　学習目標（授業者の願い、学力観など）

2　学習指導計画

3　指導上の工夫

①「書く場」（相手意識・目的意識・方法意識・主題意識など）

②「書く内容」の発見・拡充（課題設定、取材・選材、発想・着想、視点など）

③「書き方」の習得・活用（構成、記述、用語など）

④「推敲・交流・評価・処理」の工夫

⑤生徒作品例

三　授業づくりのヒントやこれからの課題

■Ⅲ（第4章）は、中学校教科書掲載の創作指導を紹介。

B　中学校・高校・中高共通別に編集しています

■だれでもやってみたくなる実践です。Ⅱは中学校、Ⅲは高校、Ⅳは中高共通の実践です。
■校種が違っても参考にできる実践を収録。

C　索引から読みたいページにたどりつけます

■各章の重要項目・キーワード・人名を索引にしました。
■調べたい、読みたい項目を索引で確認できます。

D　海外の創作実践に学べます

■イギリス・ベトナム・中国の実践や教科書内容を紹介しています。
■国別の実践を比較することで、日本での実践の特徴や課題が見えてきます。

E　創作指導の基本点を確認できます

■Ⅰでは、創作指導を進める基本点を解説しました。
■Ⅵでは、本書で紹介した実践の特徴をまとめ、創作指導の課題と展望を明らかにしています。

F　参考文献もたくさん掲載しました

■本書で紹介した実践をより詳しく学べる参考文献を掲載しています。
■参考文献はどれも定評のある実践集、実践論文を紹介しています。

中学校・高等学校　文学創作の学習指導

――実践史をふまえて――

I　文学創作の学習指導のために

第一章　創作指導の目的・内容・方法――創作指導第一期の遺産――

浜本　純逸

一　はじめに

創作とは何か　想像の世界に生きることは楽しい。「いま、ここ」と違う広々とした世界に遊び、自由に生きることが出来るからである。ところが自由な想像の世界に遊んでいるといつの間にか、立ち止まっている。宮沢賢治流に表現すると「風がどうと吹いてきて」見知らぬ世界に立つことになる。

そして「私、または彼」は歩き始める。「どこへいくのか」と自らに問いかけながら。「このように問いかける自分とはなにか」と尋ねながら。想像力の指向性が「人生における真実」「ほんとう（真実）の世界」へと私たちを向かわせるのである。

「人の心の真実」や「世の成り立ちの真実」は目には見えない。その見えないものを、あたかも存在するかのように言葉を組み合わせて形象するのが文学創造である。物語や小説は、ある場に人物を登場させてその行動や心理を描く。時間の流れの中で生きる人間のすがたを虚構する。韻文である詩・短歌・俳句は、生と自然の交歓の感動を言語化し、生の真実を形象する。

私たちは、感じる・おもう・考える・つくるという創作活動を通して、新しい自分及び新しい人間関係の場（世の中・社会）を創り出していく。

創作指導の方法史　ここでは、一九七〇年～一九八〇年にかけておこなわれた創作指導の実践史をたどることによって、その方法の可能性をさぐる。

創作指導の問題点は、次の三点であろう。

1．国語科教育に創作指導は必要か
2．何を書かせるか、発想・題材をどのように見出させるか
3．何をどのように指導するか、内容と方法は如何に

二　授業実践例について

1　大村はま「単元　楽しくつくる　創作『五つの夜』」一九七三年

大村はまは、一九七〇年代に創作に関する研究的実践を意欲的に進めていった。

単元　楽しく作る　創作「五つの夜」　一九七三（昭和四八）年十一月
単元　秘密のあそびば　連作文集　一九七四（昭和四九）年十一月
単元　作文（創作）資料「灯台とハマナデシコ」　一九七五（昭和五〇）年六月
単元　楽しくつくる　資料「白銀の馬」　一九七五（昭和五〇）年十月
単元　楽しく作る　資料「旅の絵本」　一九七七（昭和五二）年十一月

この一連の実践的提案の根底を支えていたのは、創作をさせるのが目的ではなく、創作力を養う、という目的観であった。大村はまは、創作指導を通して「何かを創造する力そのもの」を育てたいと考えていた。

作品ができることではなくて、創作の「力」というところに力を置きたい。創作の「力」をつけるということなので、みんなが小説家になるわけでもなんでもない。けれども、ことばの教科のなかでも、創作力といった「力」そのものは、どうしてもつけなければならないだろう、それを、その人があとで文学作品のなかに生かそうと、いろんな仕事のなかに生かそうと、それはもういろいろさまざまで、おそらく小説を書く人なんかは、めったにいるはずがないし、いなくてもいいのではないか。だけど、どんな仕事についても、新しいものを生み出すエネルギーみたいなもの、その力と喜び、そういうようなものを知らなかったら、どんな仕事をしたってつまらないし、生きがいがないと思いました。ですから、私は作品はねらわないけれど、その力そのものをつけようと思ったのです。（…中略…）

ことばはおおげさで、心が浅くて、人生経験が乏しいとか、そういうかたが、いい文章を書くとは考えられない。いい文章を書かないと思う人の標本みたいなのが、中学生だと思いますので、書く力そのものをつけることはできますけれども、いい作品というのができないのはほんとではないかと、あるとき気がついたのです。

ですから、もう作品中心にいくということは大違い。よくコンクールなどにいい作品があって、それはそういうかたがあって結構ですけれど、みんなにそういうことを求めないで、筆不精でなくて、何か書くことがあれば、書くのを面倒くさくもなく、なんとか、書ける、というようにして、書く力そのものをつけておいたら、その人が、これから思想も育ち、人間も育って、一個のちゃんとした人になった場合、その筆力を使って書いてくれればいいのではないかなと思ったのです。（大村はま『ことばを豊かに　大村はまの国語教室』一九八一年

七月　小学館　一七六〜一七八頁　傍線は引用者）

大村はまは、「何でもいいから自由に書きなさい。」という立場は取らない。生徒は題材探しに苦労して「書くことがない、何を書いたら良いかわからない」と言う。こんな軽いものはつまらないという批評眼は持っている。大村は、長年の作文指導体験に基づいて「書く価値のあることを、書きたくなるようなことを」与えようと考えた。その題材研究の集大成が　『個人文集　私の本（第一集〜第九集）』（『大村はま国語教室　6』一九八三年四月　筑摩書房）であった。

その『第一集』と『第九集』の題を抄録すると次の通り。

『個人文集　第一集　一年一学期』
私の名前　◯◯さんから
誕　生
私の生まれた日の歴史
　私の生まれた日はこういう日だったと思うと
　今度の誕生日にほしいプレゼント
家　族
私の一日
ことばの自画像
私の楽しみ

私の宝物
小さな自慢
私のゆめの歴史
影響を受けました
好きな
こういうことを書いてある本があったら読みたい
小学校のときの先生にお知らせしたいこと　メモ

「灯台とハマナデシコ」（千川あゆ子）によって書く
昔ばなし（次の中からえらぶ）によって書く
　五歳の夏の桃太郎
　小雀日記
　あけなかった玉手箱

『個人文集　第九集　三年三学期』
私の十三年一覧
私を育ててくださった方がた
真理だと思うことわざ
さくら三題

連　想
アンケート交換
運命の不思議
二十一世紀のにない手と言われて
（神さま・仏さま）とわたしの歴史
「○○よ、おまえは」
――自己に語る――
置き手紙（別れていくこの机の中に）
パロディ　石川台校歌

「白銀の馬」によって
（『大村はま国語教室　6』一九八三年　筑摩書房　二四八・二五二頁）

大村は、この「九冊を貫く主題は『自己を見つめる』である」と述べている。およそ一一〇の題目を私なりに分類すると、七とおりになる。

1　自分（名前、こんな仕事をしたい、など）
2　私と言葉（ことばの自画像、ひとりで口ずさむ、など）
3　読書生活（読書とわたし、私の推せん、など）
4　私と作文（創作・虚構の作文）

5　憧れ・夢・希望（私のゆめの歴史、怒る、あこがれの、など）
6　自然との関わり（花を飾る、など）
7　超自然的なもの（おばけと私の歴史、運命の不思議・サンタクロースと私、〈神さま・仏さま〉とわたしの歴史、など）

大村が、2言葉、5希望（ゆめ）、7超自然的なもの」と対峙させようとしている点に注目したい。なお、物事との関係を長時間に亘って見つめさせようとしていることにも留意したい。

大村は、「単元　五つの夜」において、

　話の中に、どのような生活をとってもよいが、
　心のあたたまるような話し一つ、
　労働の生活に触れた話（部分でもよい）一つ、
　貧しさに触れる話一つを含めること。

と、三つのことを求めている。

個人の思いつきを書くのではないので「創作」とは言えないかも知れないが、「創作力」をつけるために創作経験をさせる。大村はまは、まだ人生経験の浅い中学生には、価値ある題材を、書きたくなるような題材を与えようと考えている。「なにを、どのように」書くか、深く考えさせるために題材を与えるのである。

『個人文集――私の本』、単元「創作五つの夜」に、大村はまの「価値ある題材を選ばせる工夫」を見ることができる。

2　福岡教育大学国語科『認識力を育てる作文教育』一九七五年

本書は、福岡教育大学国語教育研究室と同大学附属三中学校（小倉・福岡・久留米）の共同研究の成果をまとめた報告書である。その理論編を浜本が担当し、構想編を森田信義が担当している。実践編は附属中学校の九名の教諭が実践報告をしている。

理論編で、浜本は、認識のしかたを基準にして文章表現の種類を①生活文、②論理的文章、③文学的文章の三種に分けている。

①　**生活文**　生活経験を再現的に書くことによって生活を見つめ、現実認識を深め、生き方を見いださせる文章である。認識方法の点から、再現的文章ともいうことができる。当時の実践の多くは、「ありのまま」を書かせる「生活綴り方」であった。

②　**論理的文章**　自己の思想を論理的に表現した文章（説明文・意見文・論説文など）である。論理的文章の学習指導は、自己の思想の論理的な構築、説得力のある表現、さらには、論理的に思考する過程および結果においてもたらされる新しい意見・新しい思想の創造をもめざしている。

そのために、「概念くだき」とともに、それとは反対の作用である「概念づくり」（具体的な事象の観察や経験をふまえて抽象することにより、事象の本質的な把握にせまるためのもの）も重要である。

③　**文学的文章**　文学的認識の文章ということもできる。文学的認識とは、具体に即した形象的認識である。わたくしたちの周辺には、論理的思考だけでは認識できないものが多くある。それを、直観や想像力を使って、比喩、形象、虚構など文学独自の方法によって認識していくのである。

たとえば、富山県神通川中流域一帯の住民の胃が弱くなり、身体がちぢまり、骨にひびがはいり、患者たちが「イタイーイタイ」と訴えつづけた病気は、初めは伝染病といわれ、つづいて「奇病」とされ、最後に「イタイイタイ病」という名前がつけられてようやく追求が本格化し、やがて公害病であることが明らかにされた。この例は、既製のことばにない事態に対して、実感をもとに文学的に命名することによって、人間の理性的追求を可能にしたことを示している。

文学的文章の学習指導は、生徒の自己と自己をとりまく状況を文学的にとらえかえす「認識力」を育てることをめざす。

文学作品を読むことによって文学的認識力が育つという面もあるので、当然のことながら文学教育と共通の基盤を持つと言える。

文章の種類とカリキュラム

原則的には、小学校一・二年生は生活文を中心とする。小学校三・四年生から文学的文章と論理的文章を書かせたい。中学校と高校では三者を等分に書かせるようにする。（同前書　一四～一五頁）

文学的文章を書く活動を作文教育のカリキュラムにどのように位置づけるか。その試みをしていたのである。『認識力を育てる作文教育』のⅡ構想篇では、森田信義が次のように「指導仮説」を掲げている。

文学的文章創造の指導仮説

一、感動を育て、見つめるようにさせるための指導

1　モチーフやテーマを自覚させる。

1．経験したことや作品を読んで書きたいと思ったことをメモさせる。

2．日記や生活文から強く心に残っていることを見つけさせる。

3．「生いたちの記」を書かせ、印象深いところを見つけさせる。
4．意見文を書かせ、自分の意見や考えをはっきりつかませる。
5．経験したことを想起させ、評価させる。
6．素材についてくわしく調べさせる。

2　自分と結びつけて環境や人間関係をみつめさせる。
1．「わたし」を主人公にして考えさせる。
・わたしだったらこうするという立場で
2．「なぜ」と自分に向かって問いかけさせる。
3．材料を集め、一つ一つに短い意見や考えを書きこませる。

3　他者の目で自分と環境をみつめさせる。
1．もうひとりの人物を設定させる。
2．モノや動物を主人公にして書かせる。
3．「わたし」でなく、「自分の名まえ」を主人公にして書かせる。
4．三回転換をはからせる。
・生活文→三人称→登場人物から自分を見る。

二　文学的認識の方法を身につけさせるための指導

1　適切な作品を提示して、テーマにふさわしい構成（構想）、描写、視点を学ばせる。
1．文章化（形象化）の過程を理解させる。
2．作者の個性的な見方や表現の創造過程を理解させる。

・作品を書く側からとらえさせる。

2　語感を鋭くさせ、感じを目に見えるように書かせる。

1．語の選択をさせる。

ア　類語を比較させ、ことばの持ち味を発見して使い分けさせる。

イ　季節や時間の感じをもつ語を類別させ使い分けさせる。

2．モノの本質や特性をとらえ詳述させる。

ア　写真を文章で表現させる。

イ　無声スライドをみせ、人物の表情や心情を描かせる。

ウ　一つのものについて詳しく観察文を書かせる。

エ　食事の場面を会話文で描かせる。

オ　自分の気持ちの変化を情景に託して表現させる。

カ　遠近法を使って対象を立体的、重点的に描かせる。

3．モノや心象を正確かつ効果的に書くために比喩を使わせる。

ア　直喩―…と同然、…のような、…のごとく、…に似て、…みたいだ

イ　隠喩―彼女の目は、夕やみの波間に浮かぶ美しい夜光虫であった。

ウ　活喩―海風が遠くの方で吠えていた。

エ　声喩―メラメラと炎が上がった。

オ　寓喩―彼女の心に秋風が吹いていた。

3　全体を自分の目で構成させる。

1. できごとを関係づけさせる。
2. 場面割りをさせる。
3. 起こった順序に書いて、場面を入れかえさせる。
4. 自分の気持ちをいちばんよく表わすように組み立てさせる。
5. ヤマをつくらせる。

三　事実を発見したり、新しい世界を造型させたりするための指導

1　視点を多様にして、主題を追求させる。
1. 中心人物を多くして書かせる。
2. 視点を転換して書かせる。
3. 主人公の位置や目を書き手と重ねないで書かせる。

2　典型に近づけるように、自己や対象をとらえなおさせる。
1. 形象を追いつめて、より客観的、より本質的な像へ昇華させる。
2. 読者の目で自己や対象をとらえなおさせる。

（同前書　五七〜六〇頁）

国語科教育の中で文学的文章を書かせる意義を明らかにし、作文指導の一領域に位置づけ、指導仮説を提出していた。この精緻な指導仮説は、文学的文章創造の指導内容でもある。これを発達の観点から重み付けすると、学年別指導事項を仮設することが可能になるであろう。

3　柳瀬真子著『楽しい作文教室』一九八〇年

本書は、冒頭に次のパロディを掲げている。

幾山川越えても試験ない国はどこにも見えず今日もはちまき（牧水）
試験みな終わった午後は寝ころびて壁もゆるがす十五のいびき（啄木）

パロディづくりを生徒は好むと述べた後で、ただ「作りなさい」と言っただけでは作れるものではない、「『これならやれるぞ。』『ぜひ、やってみよう。』という自信と意欲を生徒の胸にわきたたせるには、指導者にも創意工夫をこめた働きかけの用意ができていなければならない。」ときっぱりと書いている。本書は、生徒の胸に作文への自信と意欲を沸き立たせるためになされた指導と工夫を集成したものである。

その多様な「指導と工夫」を知るために「目次」を抄録する。

古典・近代文学・漫画・生徒作品など、あらゆるジャンルの作品を教材にし、劇化・描写練習・続き創作・読後感の交流など様々な方法を駆使して実践している。実際に試みた授業を踏まえて記述されているので、手堅い理論と実践の書となっている。指導方法の面で学ぶことの多い書である。

例えば、『少年の日の思い出』を教材とした場合、表現活動を多く取り入れて、次のような指導計画を立てている。

（ここに、一九一頁の図1の全図を入れる。）

a　「前おき」の効果について考えを書く。
b　前半の部分の役わりについて考えを書く。（作品の構成の面白さにもふれて）
c　作品のある部分をまねて表現の練習をする
d　作品を脚色する。（会話体の文章に直してみる）
e　意見文を書く。（わたしの考える模範少年像について）
f　独白体で書く。（エーミールへ）
g　少年の母になって手記を書く。
h　つづきを創作する。（その夜、少年が見た夢）

「作品の一部をかりた表現練習」における柳瀬の指導

（強くにおう）、（かわいた）荒野の、（焼けつくような）昼下がり、庭の中の（涼しい）朝、（神秘的な）森の（はずれ）の夕方、ぼくは、まるで（宝を捜す）人のように、網を持って（待ち伏せて）いたものだ。

右の文中の（　　）の中の意味をかえないようにして、別の表現をはめこんでみる。表現練習といった意味でやらせたが、意欲的に取り組んだ。これは四人ぐらいのグループの共同作業でやり、相互の研究によって文の練り上げをさせたうえ、各班の作品を小黒板に書いて発表させた。もとの表現の巧みさにも気づかせるという利点があった。

作品例
（雑草のにおいが、暑苦しく迫ってくる）荒野の（炎天下の）昼下がり、庭の中の（すがすがしい）朝、（妖精の音楽でも聞こえてきそうな、不思議な雰囲気が漂う）森の（ほとり）の夕方、ぼくは、まるで、（隠されたダイヤを探る）人のよう　網を持って（じっと根気よく待ちかまえて）いたものだ。（グループの共同作）

（　）の中が生徒の考えた表現。原文にはそぐわないちぐはぐな表現も時にはあり、ことば選びの大切さを、実感として感じたようだ。なお、本文は外国文学を翻訳したものであるため、翻訳口調が端々に出ており、和語による表現とは異なった面もあるので、逆にそれを利用して、文体の練習をさせるのも一つの方法であろう。

5　作品のつづきを創作する

「続きを書く」指導では、単に物語の続きを書くのではなく、その夜、少年が見た夢はどんな夢だったろうか、という形で問題を出し、「少年の夢」を創作するという形をとってみた。

〈問い〉少年は寝台の上に、自分の収集の箱を置き、やみの中でふたを開いて、ちょうを一つ一つ取り出しては、指で粉々に押しつぶしたという。

さて、その夜、少年は眠れぬ床の中でうとうとしているうちに、ある夢を見た。「少年の夢」という題で創作してみよう。（……）

「作品の続きを書く」といっても、必ずしも終末の部分のみを書くということではなく、「少年の母の手記」を書いたり、「収集への訣別」として少年の日記という形で書いたり、いろいろ工夫すれば「作品の続きを書く」こともマンネリ化しないでよい。いつも「話の続きを書こう」では、「またか。」といった感じを生徒に与え、新鮮さを失うことにもなりかねない。指導者としては、何の目的で何をしようとしているのかを考えながら、最も効果的な方法を創造していくべきである。(同前書　一九九～二〇一頁)

三　おわりに

以上、一九七〇年代におこなわれた実践を取り上げて、提案性のある特質として

・大村はま実践では、「創作指導の目的と題材」について、
・福岡教育大学共同研究では、「作文の種類と指導内容」について、
・柳瀬実践では「指導方法」について、

紹介してきた。これらの実践を紐解くと、「国語科における創作指導」に関しては、一九七〇年代に確かな基礎的研究がなされていたことを確認できるであろう。これを「創作指導第一期の遺産」として受け止めたい。その後の二〇〇〇年以後の旺盛な実践を「創作指導第二期の実践」として捉えることができようか。第二期の特質は「ファンタジー文学」を指導内容として取り入れたことにある。

第二章　総合単元学習、年間指導計画と文学創作

武藤　清吾

一　文学創作の授業づくりのために

本章では、文学創作の授業づくりを実らせるための課題について考察する。文学創作の授業は、単独の学習としても十分魅力的に展開できる可能性を秘めている。しかし、準備に手間がかかり評価も簡単ではないことから授業者が身構えて取り組みがちになる。そうしないためには、国語科総合単元学習として取り組むことが重要である。読解や鑑賞、口頭発表、スピーチなどの言語活動とともに文学創作を学ぶことで、文学創作前後の学びと接続させやすくなり、それぞれの学びの意義も鮮明になる。

国語科総合単元学習とは、「ある主題の解明や言語作品の作成をする過程で、聞く・話す・読む・書く・調べる・考えるなど言語活動の総合と、話し言葉・説明文・文学作品・記録・報告・マンガ・ビデオ映像・アニメなどの各ジャンルとの総合を目指している」学びである。また、学びの過程で学習者が「その主題に対する認識を深め、自己の認知構造を豊かに変容させる」ことが期待できる（浜本純逸（二〇一一）『国語科教育総論』溪水社、p.173）。

こうした総合単元学習の実践例として、遠藤瑛子（一九九二）から神戸大学附属住吉中学校での国語総合単元学

習の実践を見ておきたい。

　あわせて、文学創作の学習指導を年間指導計画に位置づけて実践した田中宏幸（一九九五）を見ることにする。文学創作の学習指導は思いつきで実践しても良い成果は得られない。年度当初に年間指導計画を立て、学習者の興味や関心、意欲の判断、年間目標や各単元の目標などの学習計画の見通しの上に具体的な言語活動を想定することが重要である。年間指導計画に文学創作の授業を位置づけることを意識することで、学習者の文学創作に対する関心、読書経験などにも目が届きやすくなり、総合的で意図的計画的な授業として準備できるからである。田中宏幸（一九九五）は、文学創作の授業づくりの提案的な実践となっており、学ぶことが多い。

二　総合単元学習に文学創作の授業を組み込む（中学校一年）

遠藤暎子（一九九二）には、全六章に「『単元　私の住んでいる町』――『自己学習力を育てる指導』――」をはじめ十二の総合単元学習の実践が報告されている。

　第二章「自然とことば」の「単元　風――自然とともに生きる」は、朝日新聞の「天声人語」に北海道の寿都（すっつ）町の風力発電が紹介され、その記事を学習した生徒が寿都中学校へ手紙や新聞を送るという学習活動を行ったものである。「あとがき」には「とりわけ思い出に残る単元」と記されている。

　遠藤は、「寿都中学校一年生と交流ができるまで広がりのある単元となった。本校生徒が送った拙い詩に、先方の先生の御好意で返事とともに風力発電機のビデオテープまで送ってきて下さったことに感動した」と述べている。

　具体的には、「天声人語」が紹介した学校の裏山にある「風力発電機」の話題をもとに、「風」をキーワードに谷川俊太郎の詩「朝のリレー」、ジャン・ジオノ『木を植えた人』（原みちこ訳、こぐま社、一九八九）を学習する単元

○授業の展開
一次　「風」の手紙（南から北へ）
　一時　朝のリレー
　二時　南から北へ
二次　『木を植えた人』
　一時　帯の文章の比較
　二時　読書クイズ
　三時〜四時　南北対抗読書クイズ合戦
　五時　読み比べ（絵本を読む）
　六時　感想文に挑戦
　七時　回し読み
　八時　代表作品を聞く
三次　「風」の手紙（北から南へ）
　一時　「風」の語彙
　二時　「風」の手紙　返事が届く
　三時　寿都への思い
　四時〜六時　神戸の風に乗って（新聞づくり）
　七時　新聞を読む
　八時　まとめ

として設定された。さらに、自然とともに生きる中学生の姿を思い浮かべ、その感想をもとに詩の形式にした「手紙」を寿都に送り交流する活動へと発展させている。

○単元のねらい
①自然をとり上げた説明文や小説を読み、自然とともに生きる人々の考えや生きる姿勢、知恵について感じたり考えたりしたことがまとめられる。
②寿都中学校の一年生に手紙を書いたり、相手を思い浮かべながら新聞づくりをしたりすることができる。
③目標をもった学習の仕方を学び、学習の喜びを知ることができる。

○育てたい言語能力
①語彙を増やす　②筆者の考え方を確実に読み取る　③作品の筋を読み取る　④人物や自然の形象読み取る　⑤読み比べる　⑥自分の意見が明確に伝わるように要点をはっきりさせて書く　⑦読む相手を心において、書こうとする意見にあった例を選んで書く　⑧メモをとりながら聞く　⑨正しい根拠にもとづいて話す　⑩相手の問いの範囲をはっきりとらえて、答える

○生徒の詩

風が吹くとき

T・M

神戸の港に潮風が吹くとき
寿都の風車が
カラカラ回り出す
神戸の山に
秋風が吹くとき

寿都の学校の
暖房が暖まる
南のどこかで風が吹くとき
北の風車が回り出す

遠くどこかで風が吹くとき
神戸の人の
明るい声が
届いているかもしれません

○授業の実際

一次では、「朝のリレー」「天声人語」の感想を書き、寿都の生徒に聞いてみたいことを事前調査している。生徒の「お尋ねしたいこと」には、「冬はどのくらい寒いのか」「どのくらいすごい風が吹いているのか」「どのようにして発電しているのか」という質問が出されている。「感想」では、「風力発電機を一度写真でもいいから見てみたいなと思いました。風力で、なぜ電力ができるのかなと疑問に思いました」という感想が記されている。そのうえで、寿都中学校へ「一年一組風のたより集」として、生徒の創作した詩と質問事項を送っている。

二次では、寿都中学校からの返事を待つあいだに『木を植えた人』の学習をしている。内容を理解するために、読書クイズ合戦、絵本『木を植えた男』（寺岡襄訳、あすなろ書房、一九八九）との比較、読書感想文作成の活動を行った。

『木を植えた人』と絵本『木を植えた男』の比較では、本の帯の表現を手がかりに語感の違いを学ぶ活動をしている。遠藤は、これが新聞づくりの記事を書く学習に役立ったと振り返っている。

読書感想文「ブフィエの願いと色の変化」（T・M）では、「絵本を初め開いた時、とても暗い感じの黒と茶色を使って山が描かれていました。しかし、だんだんと色が緑になり、黄色になり、赤になって、最後の方は色がたくさん使われた鮮やかな街の色になっていました。（中略）ブフィエはだんだん人々の心が豊かになるように願っていたのではないかと思うのです」と、色の変化と心の変化を読んでいる。

三次では、手紙が届くまでに「風」の語彙集めをしている。風の吹き方で呼び名が違うことが分かり、「風」の語彙の分類をしている。その後、寿都中学校から一人ひとりに名指しで手紙が来た。その手紙と先生から送られたＶＴＲ、町役場からのポスターや資料をもとに、「知ろう！　寿都を」のテーマで、風と風力発電機、中学生の願いを発表し合っている。

その発表をもとに、「寿都中学校一年生に送る私たちの新聞」の制作に入った。各グループで、○○新聞社を設立し、新聞名を決め、各人が新聞記者となって、新聞の構想をまとめている。

○寿都中学校から届いた返事（一部）

Ｋ・Ｋさんへ

はじめまして。私は寿都中学校一年のＹ・Ｍです。

寿都の風は一一月に入ると、きわだって強くなってきました。この寒さのおかげで学級にはカゼを引いている人が多数います。風力発電機もあいかわらず、カラカラ回っています。立っていると飛ばされそうなくらい強い風が、この前、吹いてきて、カサがボロボロになってしまったこともありました。

○新聞づくり

大見出し「風のたより届く――神戸と寿都、結ばれる――」

記事内容「寿都中学校のみなさんからお返事が届きましたよ。」

私達一年一組の国語担当遠藤先生の嬉しいお知らせです。たちまち教室は、歓喜の叫びでいっぱいになってしまいました。この日を、私達はどれだけ待ちこがれていたことでしょう。

一枚の新聞によって切り開かれた神戸と寿都を結ぶ「風の通り道」、その風の通り道を通って、寿都からの風の便りが届いたのです。寿都の風をのせて。（以下略）

○生徒の「あとがき」（一部）

心と心をつないで　Ｈ・Ｋ

今回の学習で一番心に残っていることは、遠く離れた二つの場所で文字によって心を通い合わせたことだ。詩を書いて送れば返事が返ってくる。いろいろ工夫して言葉を考えれば考えるほど、まるで、こだまのように相手のこめられた心が伝わってくる。

評価については、教師から「出来上がった新聞と学習記録の冊子で行う。特に、冊子の「あとがき」に書かれた文章とまとめ方を評価の対象にする」と指示されている。

他の単元でもこうした総合単元学習の設定がされている。「単元　春を待つ――俳句の心を――」（中二）では、「春の訪れ」（荒垣秀雄）『ことばの歳時記』（山本健吉）「におう色」（伊藤海彦）「節分」（馬場あき子）「お天気欄」（朝日新聞・神戸新聞）をもとに俳句をつくり、「私の歳時記づくり」の学習をしている。また、「単元　写真絵本『なつのかわ』との出会い――短歌に挑戦――」（中二）では、教科書の短歌、新聞の投稿歌壇（朝日歌壇）、俵万智『サラダ記念日』、「森をうやまう」（高田宏）、風景写真「芽吹きの十和田湖」（ＪＲの広告）をもとに写真絵本『なつのかわ』に短歌を入れた文章をつける学習を行っている。

本書以外にも、遠藤瑛子（二〇〇三）では、文字のない絵本『小さな池』（新宮晋、福音館書店、一九九九）を学習材にして、絵本を「見る」、描かれているものを「読む」、ことばをみつけて「書く」活動を指導している。ここでは、想像力を育てるとともに、「情報力を育てる学習の一端を担う」活動として位置づけられている（pp.68 - 105）。

三　年間指導計画に文学創作の授業を位置づける（高等学校三年）

兵庫県高等学校教育研究会国語部会編（一九九五）は、創作表現指導を含む十七編の授業実践、十七項目の授業アイデア集が収められている。本節では、編集代表の田中宏幸（一九九五）「『国語表現』年間指導計画の工夫―虚構の作文から意見文へ」を見ておきたい。これは、一九九三年から翌年にかけて田中が兵庫県立加古川南高等学校教諭として取り組んだ「国語表現」の実践報告である（同内容の実践報告が『月刊国語教育』一九九二年六月号に詳しい）。なお、その中の「『私のかけら物語』の創作」については、本書のⅣ「文学創作指導（中学校・高等学校）」の第一章「絵本・児童文学を創る、絵本・児童文学から創る」に収められている。

田中は、高校三年で開設した「国語表現」を受講する生徒の学習姿勢が後退したことを実感して、意見文指導優先の年間指導計画を改めて、虚構の作文から意見文の指導に入るものに改善した。その際、①書くことへの抵抗感を軽減すること、②個性豊かな表現をめざそうとする意欲を喚起すること、③自己を対象化する目を育てること、④ものごとを多面的に捉える姿勢を育てること、などを当面の目標として、自由な創作活動に取り組ませることにした。

田中の実践の重要な点は、文学創作の授業だけに終わっていないことである。文学創作も重視されているが、単体としてそれだけが重視されているのではない。文学創作の学びが他のことばの学びに意図的につなげられている。それらが相互に影響しあって、一人ひとりの生徒のことばの学びが重層的になっている。

○年間指導計画と授業の実際

【一学期】

一学期の前半では、「言葉遊びの要素を含んだ課題」や「想像力を働かせて書く課題」（四字熟語や折句による自己紹介、『悪魔の辞典』のパロディ作り、小説の続きを創作して書く続き物語づくり、絵本を発想の契機とした物語創作）に取り組ませている。この試みは成功して、「初めてこんなに書くことを学んだ。とても面白い。二学期も一学期と同様頑張りたい」という声が寄せられるなど生徒の反応が良かったと報告されている。

「オリエンテーションと自己紹介」では、創作四字熟語を使った自己紹介文、高校名などを句の頭においた折句風の学校紹介文を書く。教師自らも「国語教師」「二十余年」「高砂在住」「夫婦共働」「長男中一」など四字熟語風の紹介をしている。生徒も「み　みんなみんなが」「な　なりふりかまわず」「み　未来に向けて」「こ　行動し、ここの生徒」「う　初々しい」「こ　こういう伝統」「う　受け継げ後輩」などの学校紹介文を書いた。

「小説の続きを創作して書く続き物語づくり」では、黒井千次『見えない隣人』を途中まで読ませ、その続きを想像して書かせている。記述用紙には「ところが、ある日を境に、」「数日後の」「次の日、一郎は思いきってその部屋を訪れた。」という三つの区切りの言葉が示されており、事件の発端、展開、結末」を書けるように配慮されている。この物語づくりの基礎的な作業が、つぎの「『私のかけら物語』の創作」につながっている。

「『私のかけら物語』の創作」は、シルヴァスタインの絵本『ぼくを探しに』（倉橋由美子訳、講談社）を発想の契機として、物語を創作する単元である。授業のねらいは、「主人公に共感する思いを新たな物語として書かせることによって、自分の内なる不充足感を見つめさせたり、人生や人間関係について考えさせたりすることをねらいとする」というものである。高校三年の時期に自己の内面を見つめ他者との関わりを自由に想像する創作を経験することは、彼らの人生観を形成するうえで重要である。日頃の具体的な人間関係やメディア状況に影響を受けやすい時期であるだけに、創作活動で様々な拘束から自由になって自分の思いを作りあげることが彼らの精神的成長に大きな影響を与えるのである。一学期後半の「友情論」や二学期の「男女の生き方・働き方」を考える意見文を作成する基礎となっている。

考査問題も「国語表現」としての課題を出す工夫がされている。中間考査では、寺田寅彦のレトリックに学び、モデルに依拠しながら、書き出しを「〜というものも、存外不便なものである」、結びを「〜というものは存外不便なものである」とする二〇〇字作文を書かせている。文章構成の型（双括型）と助詞の使い方（「も」と「は」）をもとにすることで、発想法（「存外」で導かれる多様なもののとらえ方）を身につけさせる課題になっている。

○生徒作品「存外不便なもの」

キャッチホンというものも、存外不便なものである。

去年、我が家の電話にもキャッチホンを取り付けた。最初はもの珍しく、電話の途中にキャッチホンが入ってくるのが楽しみで、入ってきた時には喜んで取ったものだ。しかし慣れてくると、むしろうっとうしく感じられてくる。友達との電話で盛り上がっているのに、キャッチホンが入ってくると白けてしまうので。かといって、キャッチホンが入ってきたら無視するわけにもいかない。たとえ無視したとしても、音がうるさくて困る。

キャッチホンというものは、存外不便なものである。

この生徒の文章からは書き慣れた印象を受ける。文頭と文末に「存外不便なものである」を入れて、内容をまとめていくことができている。「キャッチホン」という日常生活の道具で、しかも当時目新しかったものをうまく取り込み、読者の関心を引きつけている。この文章自体もすでに創作のように感じられる。

その後「意見文を書こう・パート1」として、右遠俊郎『青春論ノート』の一部をもとに八〇〇字程度の「私の友情論」を書かせている。ここでは、一読後の感想による意見交流、カード（意見カード・事実カード・ひらめきカード）の活用、文章構成の基本パターンの学習という工夫がなされている。

○生徒作品

（前半略）最近まで毎日一緒に登下校していた友達がいた。彼女は私に気を遣っているみたいで、私が傷つくようなことは一切口にはしなかった。だが、表面上は冗談も言い合うし、いつも一緒にいたので他人から見れば親友に見えたかもしれない。しかし彼女に彼氏ができ、私と一緒に登下校しないようになると、それまでの友情関係は絶えてしまった。今では学校でたまに会って、一言程度話すぐらいである。表面上は近接していたが、実際は離反状態だった友情関係は自然消滅してしまったのである。

こういう実例から、私は右遠氏の意見に同感する。近接しすぎると自分のためにはよくないし、離反しすぎても長続きしにくい。友情とは難しいものである。

この生徒作品は四段落構成である。一段落で自分には友人がおり何でも相談しあう関係であるという事実と体験を紹介して、二段落で時には一人で悩むことや一定の距離を保って見守ることが必要だという意見を述べている。そのうえで、三段落でかつて親友のように見られていた友達が実はそうではなかったという体験を示して、近接しても離反しても友情は長続きしないという右遠氏の意見に賛成という四段落の結論へと導いている。これらの学習では、以前に学んだ事実と意見の区別が生きている。

【二学期】

二学期は、「意見文を書こう・パート2」に取り組ませ、「男は仕事、女は家庭」という旧来の考え方について意見文を書かせている。書かせる前には、四コマ漫画（サトウサンペイ『フジ三太郎』）の活用、教育TVのディベート番組録画『青春トーク&トーク』の審査、女性の社会進出を訴える新聞の投書への意見文、各種データの説明文作成、書き出しの工夫、文章構成の基本型、制限時間内（50分）の意見文（六〇〇字～八〇〇字）の完成に挑戦させている。続いて、手紙文の作成、敬語の学習、ディベートに取り組ませている。
四コマ漫画の活用では、言葉を消し、順番もばらばらにした四コマ漫画を与えて、各自にストーリーを作らせ、テーマを予想して自由に話しを組み立てさせている。

【三学期】

三学期は、これまでの学習のうちで自分として優れた作品を選び出して「『私の本』アンソロジー」を作成させている。これは、一年間の学習で自分自身の最も優れた作品を選び出して推敲させたものを清書して印刷している。大村はまの個人文集「わたしの本」作りに学んでいる。一学期と二学期は、各自に一冊ずつの「私の本」、三学期は「『私の本』アンソロジー」の作成をさせている。田中は「生徒の学習意欲を喚起し、表現指導を充実させるには、評価と処理の工夫が欠かせない。この「私の本」作りは、表現力の優劣に心奪われることなく、自分自身の成長の後を目で確かめることができる方法である」（p.186）と述べている。

○生徒の感想

1　物語を作ったり、作文を書いたり、スピーチをしたり、決して楽なことじゃないけど、自分の中で楽しんで授業を受けることができました。四月の自分と今の自分を比べてみると、文章を書くことが苦痛でなくなっています。（以下略）

2　国語表現の魅力を一言で表すと、友達の作品が読めるということです。そのことによって、今までとは違ったものの見方というものができるからです。一つの課題に対して、人それぞれの意見が述べられており、考えもつかなかった表現法や内容、そして感じ方など、常に新しい発見があります。（以下略）

田中は、年間の授業実践を振り返り、「「虚構の作文から意見文へ」という流れは、たとえ文章表現の苦手な生徒を対象とした場合であっても、彼らを授業の中へ引き入れることができ、意欲的な表現活動に導くことのできる方法であることは間違いないようである」と結んでいる。

年間指導計画に示された田中のその他の実践は、田中宏幸（一九九八）に収められている。田中は同書で次のよう述べている（pp.3-4）。

> 生徒たちはまちがいなく「書くべき内容」を持っている。ただ、それがうまく引き出せないでいるだけなのである。ここに着目し、「書くべき（語るべき）内容」を発見できるように、個に応じた指導方法を開発していくことによって、生徒たちは、自らの力で自分の問題と取り組み、意欲的に表現するようになっていく。既成の「型」を教授する以前に、生徒をして「このことを書きたい」という気持ちにさせる指導法。「ああ、そういうことを書けばいいのか」「そうだ、私が言いたかったことはこういうことなのだ」と、生徒自身が気付くようになる指導法。こうした指導法を具体的に実践に即して開発していくことが求められているのである。
>
> この「書くに値する内容」を発見させ、「書く意欲」を喚起する指導が、「インベンション指導」である。（以下略）

田中の思いは、さきの生徒の感想と符合している。「書くことが苦痛でなくなっています」「友達の作品が読め」「今までとは違ったものの見方というものができる」という生徒の思いは、田中の指導法の開発によって導かれたものである。

遠藤も田中も構えることなく創作指導を行っている。詩も物語も、特に長いものを要求するのではなく、その前後の学びで必要になる程度の創作指導である。誰もが手軽に書いていける内容と形式で、自由に書かせている。また、誰もが書けるように具体的な文章構成の基本を示している。

ともに折々の行事を意識しながら、他者との学びを成り立たせて、自己の思いが直接には届かない異世界へと誘う学びをつくっている。文学創作の学習指導を単独のものとせず、総合単元学習における学びの一過程としたり、年間指導計画に位置づけて計画的な学びとしたりすることで、学習者の学ぶ意欲を培い、学びの主体性を育てることに努力していることがわかる。

二人の実践では、絵本を学習材とした創作学習であることも共通している。絵本は幼児から親しめるばかりか、大人が読んでも新しい発見や感動があるものである。国語の授業などで中高生が幼児期に親しんだ絵本に再会すると、単なる懐かしさ以上の感動を覚えることが多い。

二人が絵本に着目するには理由がある。総合単元学習の編成や年間指導計画の立案には、教師自らの教材探しが求められる。新聞や雑誌のコラム、広告などにも、読み手を引きつけるものも多い。これらも有効に活用することから、文学創作の学習指導が深まることはすでに見たとおりである。そうしたメディアの一つとして絵本は位置づけられる。絵本には、空所が多い、色彩が豊かで個性的であるなど、メディアの特性として、他にはない魅力があるのである。

四　虚構の世界をつくることの意義

最後に、文学創作が虚構の世界をつくることの意義について考えたい。

文学は、事実や意見を書くことの拘束から逃れ、想像力を働かせて自由に記述できる特性を持っている。小説でも脚本でも、描かれる人物の心理も作られる舞台も書き手の意のままにできる。つまり書き手の主体性が想像力によって支えられている世界である。

このことは詩や短歌や俳句でも同様である。詩の持つ形式や短歌や俳句の約束が保たれていれば、あとは作り手の想像力にゆだねられる。つまり、文学作品を表現する喜びとは、こうした精神の解放を味わうことにほかならない。生徒だけではない。私たち教師自身も、そのための手立てと準備に心をくだき、生徒を導いていく過程を創出する喜びを発見するのである。

ことばの教育では、豊かな言語主体を育てることを最も重要な課題としている。文学創作の授業は、この課題への想像力の側からの営みであることを確認しておきたい。

【文献】

遠藤暎子（一九九二）『ことばと心を育てる』溪水社
遠藤瑛子（二〇〇三）『人を育てることばの力——国語科総合単元学習』溪水社
兵庫県高等学校教育研究会国語部会編（一九九五）『自己をひらく表現指導』右文書院
田中宏幸（一九九五）「『国語表現』年間指導計画の工夫——虚構の作文から意見文へ」同右
田中宏幸（一九九八）『発見を導く表現指導　作文教育におけるインベンション指導の実際』右文書院

II　文学創作の学習指導（中学校）

第一章　小説・物語を書く

山下　直

一　授業実践上の課題

小説・物語を書く実践の課題はさまざまあるが、本章では時数の問題と単元の目標の問題に重点を置いて考察する。小説・物語を書く学習が重要であることは多くの教師が認めるところと思われるが、実際に年間計画に組み込もうとするとなかなか容易ではない。その大きな要因の一つに時間がかかってしまうことが挙げられるだろう。また、小説・物語を書かせるとどうしても教師の興味が作品の完成度に向いてしまう傾向があるように思われる。だが、小説・物語を書く学習は作家になる能力を育成することを目標としているのではない。小説・物語を書く学習を通して育成すべき国語科の能力が何かを明確に意識しておくことが重要となる。

本章では、右に示したように時間がかかってしまうこと、単元の目標があいまいになってしまいがちなことを実践上の課題として挙げ、その課題の克服に向けてこれからの文学創作指導がどうあるべきかについて、二つの実践を通して考察していくこととする。

二　授業実践例について

本章では、はじめに大城貞俊による「詩を読んで小説を書こう」の実践について考察した後、大村はまによる「五つの夜」の創作の実践について考察する。

1　「詩を読んで小説を書こう」の実践

（1）学習目標

本単元は、『月刊国語教育研究』二〇一二年六月号に大城貞俊が発表したものである。[1]対象は中学校第一〜第三学年となっている。単元の設定に当たり、大城は次のように述べている。

> 詩も小説も、いずれも文学的文章による創作である。文学的文章は、フィクションの力をも援用しながら、想像力を豊かに発揮して言葉の働きを知ることの出来る楽しい世界である。詩を読み、小説を作る過程の中で、想像力の大切さに気づかせ、実生活のなかでも、「想像すること」が、物事を理解する上で大きな力になることを実感させたい。（p.52）

想像力の大切さに気づかせること、想像することが実生活のなかで必要な力となっていることを実感させることを、大きなねらいとしている点に注目したい。想像力は創作指導で育成することのできる重要な資質・能力の一つと考えられるからである。なお、「単元の意義とポイント」「単元の目標」は以下の通りである。

単元の意義とポイント

(1) 文学的文章を読む楽しさを体験させる
(2) 小説を書くことによって、想像力の効果や楽しさを体験させる。
(3) 想像力が真実を見極めるために大切な力になることを学ばせ、実生活に活かす意識を持たせる。

単元の目標

(1) 詩を鑑賞し楽しむ方法の一つとしての「群読」を学ぶ。
(2) 文学的文章である詩や小説の言葉の働きや特質を理解する。
(3) 文学的文章を創造する想像力の大切さを理解し、実生活にも活かせるようにする。（p.52）

(2) 学習指導計画（全二時間）

第一時　想像力を働かせて詩を読む楽しさを体験させる

(1) 詩を群読し、文学的文章の言葉を楽しむ。
例詩1「あめ」（山田今次）　例詩2「生ましめんかな」（栗原貞子）
(2) 詩「生ましめんかな」を「人物」「背景」「事件」に注意して、想像力をふくらませて群読し深く読み味わう。
(3) 文学的文章と日常の言葉との違いを「想像力」をキーワードに理解する。

第二時　想像力を働かせて小説を書く

(1) 詩と小説の違いを整理する。
(2) 小説の特質を理解する。
・小説の3要素（人物、背景、事件）を学ぶ。

・小説の表現の特徴（会話、地の文、人称）を学ぶ。
(3) 群読した詩「生ましめんかな」を手がかりに小説を書く。
・次の３場面構成（章立て）で小説を考える。
①第１章　事件から15年後の現在　②第２章　現場を訪問　③第３章　訪問後（歳月は限定しない）
(4) 作った小説を発表する。
(5) 作品について相互に意見を交流し評価する。
(6) 物事を理解するのに、想像力の楽しさや大切さを学び、実生活にも活かせるように意識する。

評価の基準

(1) 文学的文章を読む楽しさを、群読によって味わうことが出来たか。
(2) 想像力を働かせながら、詩を読んで小説を書くことが出来たか。
(3) 小説を書くことによって、想像力の効果や楽しさを学ぶことが出来たか。
(4) 互いの作品を鑑賞し、意見を交流することが出来たか。
(5) 想像力が、真実を見極めるために大切な力になることを理解し、実生活に生かす意識を持つことが出来たか。

(3) 指導上の工夫

小説・物語を書く学習の意義は多くの教師が認めながらも、なかなか年間計画に組み入れられない要因の一つに、多くの時間を要することがあるだろう。ところが、本単元はわずか二時間で構想されている。小説・物語を書く学習でありながら二時間で構想できた背景には、学習者に与える手引きの工夫が挙げられるだろう。本単元では場面構成を三場面に限定することで、学習者に全体のプロットを考えさせる手間を省いている。さらに、次のような書き出しを具体的に例示した手引きも配付している。

◇第1章：「事件からの15年後の現在」の書き出し
(1) 地の文／状況の説明から：8月10日、今日は私の15歳の誕生日だ。私が生まれたあの日も、このように暑い日だったと聞いている……。
(2) 会話から：「ヒロシ君、大変だよ、お母さんが病院に入院したんだって……」（原爆の後遺症をもつ母親）（p.55）

ここでは第一章の書き出しの例示のみを挙げたが、右のような書き出しの例を第二章、第三章についても配付している。第二時の(3)にあるように場面構成を限定することに加えて、具体的な書き出しを例示することで、生徒の負担が軽減され創作に向けた意欲が喚起されることが期待できる。

一方で、創作とは場面構成や書き出しを考えることこそが重要であり、そこを教師が補ってしまっては創作を行わせる積極的な意味がなくなるという懸念もあろう。だが、創作を通して身に付けるべき能力は場面構成や書き出しを考えさせることばかりではない。

すでに確認した通り、本単元の学習目標では想像力を育成することに重点が置かれている。小説・物語を書く学習は作品の完成度のみを評価の対象とするわけではない。本単元のように想像力を働かせる体験をさせることも重要なねらいの一つとなり得る。ただ、単に想像力を働かせるといっても、何ができるようになれば想像力を働かせる能力が身に付いたと判断するのかという課題も残る。二時間という短い時間の中で、その点をどう明らかにしていくかは本単元の課題と言えるだろう。しかしながら、この点について単元計画の第二時で示されている六つの「指導上の留意点」の中の次の指摘は示唆に富むものと思われる。

(6)　想像力を活用して周りの出来事を理解することの大切さに気づかせる。
・想像力が相手を理解することや思いやりの心を育てることに気づかせる。（p.54）

平成一〇年版学習指導要領の国語科の目標には「伝え合う力」が示されたが、これは国語科で育成する重要な能力の一つにコミュニケーション能力があることを示すものであり、その育成に相手を理解することや思いやりの心を育てることが重要となることは言うまでもなかろう。思いやりの心は道徳教育で育てるべきという考え方もあるかもしれない。しかしながら、思いやりの心を持つことは相手の立場を想像することにほかならない。そして、「想像力」は平成元年版学習指導要領から国語科の目標に示されてきた、国語科で育成すべき重要な能力の一つなのである。また、平成二〇年版の学習指導要領の改訂時には道徳教育の重要性が指摘され、総則においても「道徳教育は、道徳の時間を要として学校の教育活動全体を通じて行うもの」とされた。国語科において相手を思いやる気持ちと関連して想像力を育成することは、道徳教育との連携を図る点からも極めて重要なことと言えるのである。

本単元においても、思いやりの心を育てることを想像力を働かせることの具体的な一面と位置付けることで、単元の目標が達成できたかどうかを検証することが可能になることが期待できる。

2　創作「五つの夜」

本単元は、一九七三（昭和四八）年一一月に石川台中学校で行われた大村はま氏の実践である。[2]「五つの夜」の創作に至る前段階として「雨の子五郎ちゃん」の創作、「五色のしか」を使った創作を経ている。

（1）「五つの夜」までの歩み

大村は一一月に「五つの夜」の創作を行う前に、五月に「雨の子五郎ちゃん」という物語の創作、六月に「五色のしか」という教材を使った創作の実践を行っている。

①「雨の子五郎ちゃん」を書く

「雨の子五郎ちゃん」という題材は大村自身が「お話に書きたくて、長年あたためていたもの」（p.13）であった。大まかな設定は以下のようなものである。

> 雨の兄弟は五人であった。五郎ちゃんと、その兄四人の五人であった。そして、その五人は、嵐の前、にわか雨というふうに、雨の降り方の種類であった。五郎ちゃんが、ようやく許されて、初めてこぬか雨で降っていく。せっかく降っていったのに、人間に一人前の雨扱いをされず、無視されて、ろくにかさもさしてもらえない、五郎ちゃんのもの足りない、小さな寂しさで結ぶ、というところは、最初この題材を胸に持って以来変わっていなかった。（p.13）

右のような設定をもとにしながら、実際の指導では生徒のグループの人数が九名であったため、五人兄弟に新たに姉三人と妹を加えている。兄弟姉妹の設定は以下の通りである。

> いちばん上の兄は、嵐の前／いちばん上の姉は、川の上に降っている雨／二番めの兄は、にわか雨／二番めの姉は、青葉に降っている雨／三番めの兄は、降ったりやんだりの雨／三番めの姉は、花に降る雨／四番めの兄は、おやみなく降りつづく雨／次が、五郎ちゃん、こぬか雨／そして末の妹、まだ下界へ行かせてもらえな

い。（p.14　／は原文の改行箇所を示す）

具体的な活動は次のように行われた。

いわゆるグループ活動はない。だれが一番上の兄になるか、だれが三番目の姉になるか、だれが五郎ちゃんになるか、重複のないように相談することと、作品発表会のときに、九人一まとまりで発表をするだけである。内容についての相談はしなかった。内容についてくわしく話し合い、九人の作品が調和をもって一つの作品となる、ということは、ここでは考えなかった。「五つの夜」のステップとして、のびのびと自由に、想像を広げて書くという経験をしてみることが目的であった。（p.15）

ここで注目しておきたいことは、本単元においても「想像を広げて書く」ことを創作指導の出発点としている点である。このことから、大村はまも創作指導が想像力の育成に密接に関わると考えていることを伺うことができる。

②「五色のしか」を使って書く

「雨の子五郎ちゃん」を書く実践と「五色のしか」を使って書く実践との違いを大村はまは次のように述べている。

五月には、おもに、目でとらえたもの、観察したこと、情景を記憶から呼び起こして、そこから想像を広げて書いたので、六月は、人間の心の動き、心情、それを想像して書いてみることにした。（p.20）

右の「五月」は「雨の子五郎ちゃん」を書く実践、「六月」は「五色のしか」を使って書く実践である。「五色のしか」

でも「雨の子五郎ちゃん」と同様に想像することに主眼が置かれているものの、「五色のしか」では「人間の心の動き、心情」を想像して書くことに重点が置かれていることがわかる。これは、一口に想像すると言っても、さまざまな想像の仕方があることを学習者に実感させることにつながると考えられる。学習者にただ想像してみろと言うだけでは想像する能力の育成は期待できない。想像を広げて書くには、想像する体験を積み重ねなければならないのである。具体的な活動は、「五色のしか」を読んだ後に次のように行われた。

文章は、次の三種類に分けて書いてみた。
㈠　命を助けられて家に帰ったとき、第一に、五色のしかに助けられたことが口から出そうになったであろう。その夜のこと、夜でなくてもよいが、帰ったときのこと。
㈡　今まで、年月を経て、約束を破らなかった男が、どうしてこういうことになったか、終わりの日のこと。
㈢　㈠と㈡のあいだ、いろいろのことがあり、五色のしかのことが口からとび出しそうになりながら、堪えている姿。
生徒を六グループにわけ、一グループはだいたい七人、㈠の作文一人、㈡の作文一人、㈢の作文の書き手五名ずつを標準にした。（pp.22-23）

⑵「五つの夜」の学習計画

「五つの夜」の実践は、大村が少女時代に愛読した「八つの夜」という本を思い出したことに端を発している。大村の記憶によれば「八つの夜」とは、夜になるといつの間にか一つの風呂敷包みが置かれ、その中の衣装や持ち物にふさわしい人に変身し、八つの夜、いろいろな人になり様々な生活を体験するという物語であった。

ただ、八つは中学生には無理と思われたので「五つの夜」とし、一夜ごとに五つの境遇、五つの生活、五人の少年少女を経験する物語を書くことにした。五つの話のうち、作品として書き上げるのは一編だけで、残りの四編は題と構成と冒頭の文章だけとした。学習は次の七段階で構成されている。

1　談話一　「八つの夜」の魅力
2　談話二　自由な想像の作文を支える条件
3　構想メモの提出
4　構想を見合い感想を述べあいながら、自分の構想案をゆたかにするヒントを求める
5　冒頭の一節の提出
6　冒頭の研究会
7　めいめい調べたことを活用し、想像を広げながら文章を書いた

⑶　指導上の工夫

ここでは、「2　談話二」に注目したい。ここでは自由な想像を支える条件が三つ挙げられており、その一つ目には次のようなことが示されている。

> 作品と仕上げる一編について。ある日、ある時、ある所、というようなことでなく、はっきりと、時代、場所を表すこと。そのために、国のようすなり、それぞれの地域の生活、その時代の状態など、本を使って、十分に調べること。地理の本、歴史の本、風俗の本、写真集、旅行記、それに「世界の子供」「綴方風土記」など、その他、子どもの作文集など、広く本を活用すること。その上で、想像を広げていくこと。（p.34）

右のことは、大村が自由な想像を支える条件として、設定を具体的にすることを重視していたことを窺わせるものと言えよう。しかも、注目すべきは設定した時代や場所の「国のようすなり、それぞれの地域の生活、その時代の状態など」について十分に調べるよう指示されている点である。このことは、土台となる背景の詳細をしっかりと把握して初めて、のびのびとした想像が可能になるという考え方が背景にあることを窺わせる。想像を広げるためには細かな背景をしっかり把握しておかないと、その想像自体が行き詰まり、読み手に対して魅力ある世界を提示することができなくなるということであろう。

このことは、「風の子五郎ちゃん」を書く学習が「おもに、目でとらえたもの、観察したこと、情景」から想像を広げて書くことに重点が置かれていたことと重なる。「風の子五郎ちゃん」を書く学習は、想像を広げて書くためには具体的な設定が大切であることを学習者に実感させることにつなげる意義があったと考えられる。一方、「五色のしか」を使って書く学習は、「人間の心の動き、心情」を想像することに重点が置かれていた。具体的な設定はもとの話である「五色のしか」にすでに描かれており、そのエピソードから人物の心情をさまざまに想像することが求められていた。具体的な設定がしっかりとされている状況で人物の心情を想像する体験をさせているということである。

このような「五つの夜」の創作に至る過程を振り返ると、具体的な設定を想像することと、人物の心情を想像することを同時に行うことは中学生には負担が大きいという大村の判断があったことを窺うことができる。そのため、「風の子五郎ちゃん」を書く学習では具体的な設定を想像すること、「五色のしか」を使って書く学習では人物の心情を想像することに特化し、それぞれの経験を積ませた上で「五つの夜」の創作へとつなげていったと捉えることができるだろう。

こうしてみると、想像を広げて書くということが容易なことではないことをつくづく思い知らされる。想像を広げて書くという活動を一から指導しようとすれば、大村のように時間をかけてじっくりと積み重ねてゆくほかはないのだろう。創作指導の単元が時間のかかるものとなる所以はまさにこの点にあると言ってよいだろう。

三　授業づくりのヒントやこれからの課題

⑴　身に付けさせる能力を明確にする

一では、小説・物語を書く実践の課題として、時数の問題と単元の目標の問題を指摘した。ここでも、この二つのことに着眼して授業づくりのヒントやこれからの課題について考察していく。まずは、単元の目標つまり小説・物語を書く実践ではどのような能力を身に付けるべきなのかという問題について考察していきたい。

小説・物語を書く実践では、学習の成果物として小説・物語という作品が残る。それらは完結した作品であるがゆえに、教師の評価はどうしても作品自体の完成度の高さに向けられる傾向にあるかもしれない。もちろん、完成度の高い作品や、面白い作品を高く評価することに何の問題もない。しかしながら、小説・物語を書く実践のねらいは作家を育成することではない。したがって、作品の完成度のみを評価するのでは、小説・物語を書く実践を国語科の学習指導に位置付けることは難しいだろう。

本章で紹介した二つの実践は、どちらも想像を広げて書くことを単元の目標に位置付けていた。先にも述べた通り、想像力の育成は国語科の教科目標にも示されており、国語科の学習指導において単元の目標として位置付けるのにふさわしいものである。このように、小説・物語を書く実践においても、どのような能力を身に付けさせることをねらいとしているのかを明確にした上で単元を構想することが不可欠となる。本章で紹介した実践を参考に、小説・物語を書く実践における単元の目標の設定について意識を高めることが重要なことと思われる。

（2）年間計画に組み込む工夫――時数の問題

小説・物語を書く実践において、例えば想像を広げて書くことに重点を置いて指導するという立場を取ることが、単元の目標を明確にすることにつながることは前節で述べた通りである。しかしながら、「五つの夜」の創作を見れば明らかなように、想像を広げて書くということを一からきちんと指導しようと思えば、大村はまが実践したように時間をかけてじっくりと指導することが必要となる。

とはいえ、実際の学校現場において想像を広げて書くことばかりに時間をかける余裕がないこともまた事実であろう。単元の目標を明確にしたとしても、時間をかけなければならないという点において小説・物語を書く実践を年間計画に取り入れることはそれほど容易なことではない。

この課題の克服の手がかりを、大城の「詩を読んで小説を書こう」の実践に見ることができるだろう。大城は小説を書く実践を二時間の単元として構想している。しかも、対象を中学一～三年としていることから考えると、中学校のどの学年でも二時間の空きが取れそうな時に、飛び込みで行うことのできる単元として構想されていると思われる。大城の実践では、先にも示した通り「評価の基準」として以下の五点が挙げられている。

評価の基準

(1)　文学的文章を読む楽しさを、群読によって味わうことが出来たか。
(2)　想像力を働かせながら、詩を読んで小説を書くことが出来たか。
(3)　小説を書くことによって、想像力の効果や楽しさを学ぶことが出来たか。
(4)　互いの作品を鑑賞し、意見を交流することが出来たか。
(5)　想像力が、真実を見極めるために大切な力になることを理解し、実生活に生かす意識を持つことが出来たか。

右の五点に作品の構成や具体的な設定についての観点がないことに注目してほしい。「五つの夜」の創作では、想像を広げて書くために、具体的な設定を想像することと人物の心情を想像することの双方に重点が置かれていた。しかしながら、大城の実践では作品の構成については共通のプロットを指定し、具体的な設定や心情についてはいわばいきなり学習者に取り組ませるような方法が取られている。ただ、ここで忘れてならないのは、書き出しの例を手引きとして配付することで、具体的な設定や人物の心情を想像する手助けをしていることである。

このように見てみると、二時間というきわめて短い時間で小説・物語を書く実践を行う際に、大城は具体的な設定や人物の心情についてどの程度想像を広げられたかを評価の基準とせず、⑶にあるように「効果や楽しさ」、⑸にあるように「実生活に生かす意識を持つ」ことに特化していることがあらためて確認できる。わずかな時間では当然のことながら、「五つの夜」の創作のように本格的に想像を広げることを体験させることはできない。しかしながら、中学生に想像することの楽しさを感じさせたり、実生活にそれを生かそうとする意識を芽生えさせたりすることならば、二時間でも不可能ではないだろう。しかも、「生ましめんかな」という詩を手がかりにすることで生徒の多くが、相手を思いやる気持ちに触れることも期待できる。大城の実践は、とかく時間がかかりがちと考えられていた小説・物語を書く実践に、わずかな時間でも行うことのできる可能性があることを示してくれたと言えるだろう。

この大城の実践に加えて、「五つの夜」の創作に至る過程で行われた「風の子五郎ちゃん」を書く実践と「五色のしか」を使って書く実践も併せて参考にしたい。「風の子五郎ちゃん」を書く実践、「五色のしか」を使って書く実践のどちらかだけでも、想像力を広げて書く学習は十分に行われていると言ってよいのではなかろうか。大城の実践や「風の子五郎ちゃん」を書く実践、「五色のしか」を使って書く実践は、どこに重点を置くかを絞り込んだ上で想像を広げて書くことを経験させている。このように、授業者が単元の目標を設定する際に、どこに重点を置き、どのように絞り込んでいるかを適切に判断することができれば、短い時間で小説・物語を書く実践を行うことは可能であり、こうすることで年間計画に組み込むこともさほど難しいことではなくなることが期待できる。

注

（1）大城貞俊「想像力を培うことから書くことへ――「詩を読んで小説を書こう」（中学校国語科授業実践例）を通して――」『月刊国語教育研究』四八二号　二〇一二年六月　日本国語教育学会編　pp.50-57

（2）大村はま「創作「五つの夜」」『大村はま国語教室　第六巻』一九八三年　筑摩書房　pp.13-14

第二章　詩を創る

平野　孝子

一　授業実践上の課題

短歌、俳句を詠む人が比較的多いなかで、詩は一般的に日本の中では重要な地位を得ていないと言われる。大岡信は、「現代の詩人、すなわち一九七〇年前後を境にして新しい社会環境に取巻れる（ママ）ことになった私たちの詩人すべてが（中略）読者との深刻な隔絶という事態に直面することになっていると思われるのです。[1]」と詩人の立場での実感と自身の見解を述べている。

では、中学生と中学校の教師の立場に立つとき、詩はどのように位置づけられるのだろうか。詩と出会う場所、詩の価値観、カリキュラム上の詩の位置づけ、授業の時間数、詩全体のなかの創作指導、指導の方法、評価の方法など、実践上の課題は少なくない。実際には、中学生を取り巻く環境は、国語の教科書、学校図書館や書店の本棚の詩集、学校行事の構成詩、歌詞、「詩のボクシング」の大会、などの他にも、SNS、アニメ、CD、DVD、ラジオ、テレビ、映画館、インターネット、ユーチューブ（YouTube）、音楽ライブ、など、様々なメディアや場面で、いろいろな形での詩との出会いが想定できる。歌詞に励まされる、初音ミクを通して宮沢賢治の詩の世界に出会う[2]

など、生活の中で、無意識的に詩との出会いを果たしているのではないか。また、授業者の現状も、学習者と近くなりつつあるのではないだろうか。だが、授業を考えるとき、中学校において詩の指導の機会はけっして多いとは言えないのが現状であろう。中学校・高等学校の授業者が詩の授業を行う場合、おもに次のような課題がある。

① 入学試験などの教育制度とその対応のための指導態勢からくる課題
② 国語科のカリキュラム上における詩の位置づけから生じる課題
③ 学習者の現状から生じる課題
④ 詩教材と指導内容の課題（どのような学習材が適切か。理解（鑑賞）、朗読、創作などの指導内容。）
⑤ 指導方法、評価などをめぐる課題

この五項目は、一九九二年の「アンケート　現代詩、ここが疑問」[3]（『月刊国語教育』）に見られる、中学校、高等学校の国語科教師の挙げる課題にも共通する。このような実践上の課題が現在、解決したとは言い難い。もう一つ、中学生の言葉が観念的、抽象的で、経験に基づかない傾向があるという課題がある。谷川俊太郎は、「今の情報って相当デジタル化されて、全部一義的に使われている。（中略）今は、みんな言葉の実態を全然知らなくても使えちゃうみたいなところが一番の問題だなって思うんですよね。だから、詩人も詩人じゃない人間も、いかに経験の中で、その言葉を自分なりに定義できているかっていうことが一番の問題。[4]」と述べている。以上のように、詩の創作による言葉と自他の相互理解、経験に基づく具体的な言葉と表現の獲得といった本質的な課題と、直面する実践上の課題があることを念頭に、一九七〇年代から現在に至る詩の学習指導の中から後述する実践を取り上げてみた。

二　授業実践例について

1　西村るり「想像力は創造力、詩の創作をやってみよう！」[5]

（1）指導目標

西村の実践は、「聞くこと」と創作をつなげた点が特徴的である。「聞くこと」の重要性を実感させ、そこから刺激を受けた想像力は、詩や作文の創作活動へと広がっていくと考えた。

（2）学習指導計画

○「聞くこと」の意味を考えて書き、発表する。
○聞くための読む教材「聞く力　三」（中本環・国語教育相談室）を聞き、教材中の詩を聴写する。
○絵本「たいせつなこと」から三篇の詩を聴写し、教師が読まなかった（「　　」の部分（資料の傍線部）を想像して書き、発表する。（M・W・ブラウン『たいせつなこと』）
○「たいせつなこと」で想像した部分を発表する。
○詩を創作する。（学んだことを下地にしての創作）
○授業後の感想を書く。

（3）指導上の工夫

西村は、「長い文章に苦手意識をもっている学習者も詩を書くことに対しては、案外、意欲を見せ、お互いの詩を読んで短い言葉を綴れば豊かな感受性が発現することに気付いた。」という。「読むことから創作へ」と進む実践が多い中「聞くことから創作へ」と発展させている点が特徴的である。また、ブラウンの詩から自身にとって大切な内容を「考えること」へと導いている。自由テーマとし、選んだ対象から主張へと書き進める構成も学習者は学びとっている。

詩の観点・技法など

内容―対象、対象相互の関係性、背景（時代・社会・環境など） 調子―音調、明暗、観点など 文体―改行、句読点、強調、体言止め、倒置、字上げ、字下げ 表記―漢字、ひらがな、カタカナ、ローマ字、外国語、太字	表現―言葉の選択、反復、響き、押韻、母音、子音 心象（イメージ）―比喩的表現、直喩、隠喩、擬人法、擬物法、換喩、象徴 構成―連、展開などの詩の組み立て （筆者案）

資料

くさは　みどり

くさは　おおきく　のびて
あまく　あおい　においで
やさしく　つつみこんでくれる
でも　くさに　とって
たいせつなのは
「かがやく　みどりで　あること」

あなたは　あなた

あかちゃんだった　あなたは
からだと　こころを　ふくらませ
ちいさな　いちにんまえに　なりました
そして　さらに
あらゆることを　あじわって
おおきな　おとこのひとや　おんなのひとになるのでしょう

生徒作品「草へ」

「草へ」
いつのまにか
グングンと
努力して伸びてきている草
私はそんな草に
あこがれをもっている
ああ私もあんなふうに
グングンと
伸びることができるかな？
この草のように

でも　あなたにとって
たいせつなのは
「あなたが　あなたで　あること」

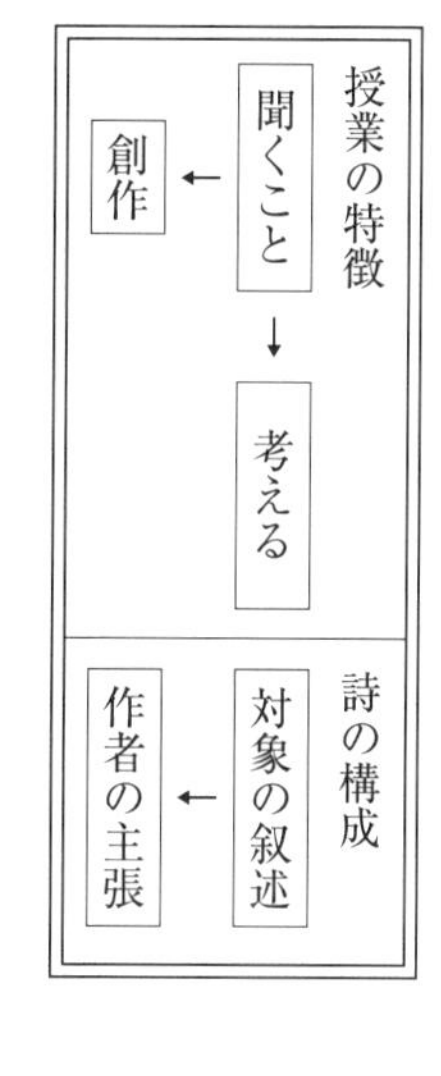

2　連詩とは

「連詩」は、大岡信が連句にならって始めたものである。「連句」[6]が「定型、季語、花・月の定座、打越（ひとつ挟んだ前の句に戻らない）、同語を使わない、三十六句で一巻完成」など、ルールが多いのに比べて「連詩」のルールは少ない。決まった行数もない。「連句」との共通点は、「テーマがないこと、前の詩に付けること、転じること、一つ一つの詩の独立性、共同創作であること」である。ともに創作の過程で音読・朗読を重視する。行数については、大岡は一行、二行、三行、行数自由などさまざま試した結果、行数を決める方がよいとしており、「宇宙連詩」の場合、大岡は長詩五行、短詩三行、一つ一つの詩を『連』としている。大岡は「連詩」の、単に作者であると同時に他者の詩に対する親身で敏感な鑑賞者・批評家であることに解決の糸口を見出している。『櫂・連詩』[7]、『連詩の愉しみ』

に詳細と作品が掲載されている。

3　中西一彦「連詩作成の試み――イメージ感覚・言語感覚を磨こう――」(8)

(1)　学習指導計画

中西は、伝えることの難しさが表現活動の盲点であることに着目した。伝えることのむずかしさを認識し、表現能力を伸ばすことを願って、「イメージ感覚・言語感覚を磨こう」という目標で、連詩作成の授業を試みている。「詩作(思索)の緊張感、ことばの結びつきの意外性、共同制作の喜び」を実感させることをおもなねらいとしている。この実践では、連詩を「何人かで順番に連を作っていき、一つの詩を完成させるもの」と定義し実践している。その過程として、「元の詩の最後の一行を題とした詩を連ねたり、元の詩の最後の一連を、最初の一連として新しい詩を作っていったり」という作業も含めて「連詩」としている。他にも書籍にみる大岡の発案とは異なる方法をいくつか考案している。そのなかの一つ、谷川俊太郎の「平和」の形式模倣による連詩作成の授業を行ったものである。

(2)　学習指導計画

「連詩」作成の手順

《　　》と（　　）が空欄になったプリントを配付(生徒作品例参照)。空欄を埋めて、一連ずつ作成する。

・五人で一グループを作る。
・先頭者だけがテーマを聞く。プリントの第一連を完成させる。(テーマ語「あこがれ」)
・次の者が第一連の表現からテーマを類推し第二連を作る。

・その次の者は第二連の表現だけを見て類推し第三連を作る。
・この要領で第五連まで作成する。（《　》はテーマとなる語が入る。先頭者のみが知っている。）
・グループごとに音読し、他の人の表現を聞き、もとのテーマが何かを探り発表する。（先頭者以外）
・テーマにたどりついたら、改めてすべての連にテーマの題を入れて、それぞれに音読する。

八つのグループが、イメージ連鎖による創作表現を行い、与えられたテーマ語さがしの話し合いを全体で行う。

（3）指導上の工夫

「形式模倣」は、中学生にとって取り組みやすい方法だと考えられるが、この実践は、「伝えること」「理解すること」に主眼があるため、直前の連の創作者の表現の意図、「テーマ語」を読みとることが学習活動の重要な鍵となる。自由な発想による独自な作品が創作されるが、作品は、指定されたテーマ語に向けてまとめあげられる。グループ内の発表と全体のテーマ語さがしの話し合いによって、交流が行われている。

創作した八作品をプリントして全員に配付し、朗読発表会や鑑賞を実施することができる。また、他の作者や他の詩の形式模倣を用いた創作や、複数の創作方法を用いた実践をし、詩集を作ることもできるだろう。

生徒作品例

題名《　　　　》（谷川俊太郎「平和」の形式模倣による）

第一連《　　　　》
（第一詩）それは（　片思い　）のように
　（　はかない　）なものだ
　それを（　すてる　　　　）必要はない
　ただそれを（持ち続けて）いればいい（詩作成者は「自分の理想のようなもの」と考えた。）

第二連《　　　　》
（第二詩）それは（　　夢　　　）のように
　（　空虚　　）なものだ
　それを（　受ける　　　）必要はない
　ただそれに（　同調でき　　）ればいい（第二詩作成者は「幻」と考えた。）
（以下、第五連までを省略）

4　竹久学・土戸真理子「JAXA　学校宇宙連詩への取り組みの報告」[9]（中学校一年生）

（1）　学習目標

竹久・土戸は、「『書くこと』を苦手とし、また、互いの発表から作品を評価しあうことに抵抗を感じる生徒もいることは、活動の場面設定と方法に関する指導の不足に起因する（JAXA）」としている。そのため、スピーチ、感想の発表、意見交換、互いに評価しあうことなどの場面設定により、経験を積み重ねることを「宇宙連詩」の実践準備として行った。また、総合的な学習の時間のなかで「連詩」に国語科がかかわるという形をとる中学校が多いなか、国語科の学習と位置付けて行った実践である。身近な生活の中から詩に表現すること、互いの作品を鑑賞し合うことで新たな言葉や表現方法を身に付けること、詩をつなげることで互いにつながることをねらいとして参加した。

「宇宙連詩」公募の際のルールは、五行詩、三行詩、五行詩、三行詩、……と五行詩、三行詩の繰り返しで構成されます。

直前の詩の中から、ある言葉、またはある一行を引用して、自作の出発点にしてください。引用は、直前の詩の中の言葉、行をそのまま引用しても良いですし、直前の詩の中の言葉、行のアイディアを踏襲し、別の言葉にしても良いです。連詩をつくるときは、以下を心がけましょう。「＊前の詩からポンと飛ぶこと。／＊次の人が続けられること（完結しないこと）／＊具体的であること（抽象的でないこと）[10]」

（２）学習指導計画

○言葉の発想トレーニング

○講師の野村喜和夫から宇宙連詩についてのレクチャーとマンツーマンの指導を受ける。ＪＡＸＡから公表されている冒頭３詩に付けた、宿題の第４詩を生徒が朗読し、講師役の詩人がアドバイスを実施する形でワークショップを行う。

○その後、クラスで第４詩を決める。続けて授業で第５詩から第10詩まで班で代表詩を決める。代表者が朗読と詩の説明を行い、クラスでの意見交換のうえで、第５詩から第10詩までの詩を決めていく。

（3）指導上の工夫

ア　「宇宙連詩」は、作品が「きぼう」に乗って地球を回る。「宇宙連詩」そのものがテーマとも、魅力ともなり、創作の際の大きなモチベーションになっているのではないだろうか。創作中、宇宙に対する興味や学びも見受けられる。また、授業の折に、自身の生活と結びつける努力がなされている。

イ　「書く内容」では、前の詩の「語などの引用」がルールにあることに対して、「普通は人の作った詩をまねしてはいけないのに、宇宙連詩は前の詩を読んでそれに関連するものを書かなくてはいけないルールでびっくりしました。」という一年生の生徒の感想から、連詩の「付ける」という特徴を理解していることがうかがわれる。

ウ　「書き方」の習得・活用として、「対比・類似・具体・抽象・結合など語句と語句の関係を確認しながら次の語句を引き出す」「以前の宇宙連詩のキーワードを空欄にしておき、詩のつながりから、キーワードを連想させる」構成・記述・用語などの言葉の発想トレーニングを行い、宇宙連詩の創作への導入としている。

エ　経験を積み重ねることで、書くことや交流への抵抗感を軽減していく工夫が行われている。評価は、班内の意見交換で代表の詩を選び、さらに、クラス全体の意見で詩を選んでいくことを第10詩まで繰り返す方法がとられている。多くの詩の中から、一つの詩を選ぶ段階が最も配慮が必要な点ではないだろうか。

「宇宙連詩」は、前述の通り、宇宙の「きぼう」に乗って、世界中の人に読まれ、ＪＡＸＡのホームページに授業計画から作品まで報告が掲載される。また、授業後も連詩の取り組みは国語係などがリーダーとなり、生徒の間で継続された。この継続指導は生徒たちが将来、生活の中で主体的に連詩創作を行う可能性を示している。高等学校では、メールを活用して連詩の創作を継続した依藤美佐の実践例[11]がある。

資料　公募のためにＪＡＸＡのＨＰ上に公開された詩（第4詩から第40詩までが生徒作品である。[12]）

第１詩～第３詩

> 第1詩　谷川俊太郎による宇宙の三行詩。
> 第2詩　覚和歌子による五行詩。
> 第3詩　野村喜和夫による三行詩。（第1詩から第3詩までの各詩が「宇宙」に関する、または、そこから連想した詩である。）

「宇宙連詩」は第1期の作品から、その時々の「時代の記録」の要素が入り込んだという。それは、現代の連句にも共通する特徴である。共同創作という面から見たとき、「宇宙」というキーワードが、作品としての一つの流れを作る。反面、「ポンと飛ぶ」ルールはあるが、前詩の引用を認めているため転じることが難しく主題が類似しがちになる。また、一堂に会して話し合う場がないことから「座の文学」とすることは難しい。この場合「さばき手」がどのようにさばくかが決め手になる。だが、授業内で創作する場合は、授業者がさばくことで、一つ一つの詩の共同創作も試みることができるのではないだろうか。

三　授業づくりのヒントやこれからの課題

①　学習材、目標、評価にかかわって

例えば、発展的に歌詞などの学習材をも活用し、生活に即して具体的に考え、学ぶ場をつくる。評価については、

目標を本書五四頁に掲載した「詩の観点・技法など」（筆者案）の表の例のように設定したとすると、その目標に沿って評価する。ただし、目的を、成績をつけること、とせず、授業中に発想や工夫をほめること、方法や方向性を示すこと、とする。また、作品をよりよくするための話し合いや相互評価によってこそ伸びるのではないだろうか。

② 語彙や理解について

詩を読んだり調べたりするなかで、語彙は豊かになる。だが、表現技法を身に付けるには一種の練習学習が必要である。また、作品をめぐる意見交換により学習者同士、互いの経験や発想から学び、視野を広げることができる。

③ 形式上のルール

形式上の最小限のルールを設定し、それ以外は自由とすることで、作品に広がりが生まれる。連句では、季語、転じが新しい言葉の獲得を要求する。目標に応じた連句のルールの活用により連詩においても同様の効果が期待できる。

④ 共同創作と座の文学「連詩」

「連詩」本来の特徴は、連句と同じ「座の文学」という点にある。ここでは、創ると同時に他者の作品を「読む」ことが要求される。また、詩全体だけでなく、参加した人の詩作品を共同で検討し、苦吟した場合助け船を出す。作者の名前を残したまま、本人の承諾を得てより良いと考えられる作品に参加者全員で作り上げていく。大岡信は、『連詩の愉しみ』において、「複数作者が一堂に会して作る連詩という詩の形式は、参加者一人一人に対して、単に作者であるのみならず、同時に他者の詩に対するきわめて親身で敏感な鑑賞者・批評家であることを要求します。」[13]と述べ、この点を評価している。また、『宇宙連詩』のなかでは、「『連詩』は一人よがりの語り口に対する対症療法のひとつになりうるものかもしれない。何しろ、これは『相手』があってこそ成り立つ詩の形式（かたち）なのだから」[14]とも指摘する。さらに、ジャニーン・バイチマンは、『菅原道真―うつしの文学』の中で「作者と読者が緊密で、権力闘争や支配欲でなく相互協力を誘引するような方法で関係しあう場であること、階層的関係を超えた相対性と平等を持ちうること」[15]を高く評価している。これら二人の指摘は連句、連詩が、現代の中学生や高校生にも価値ある方法であることを示している。

⑤　共同創作と話し合いの司会の指導

共同創作は、作者同士が心をひらかないと成り立たない部分がある。学習者が安心して創作するためには、実態に即して創作時にペンネームを用いる、内容や出来栄えより発想や工夫を評価するなどの授業者の配慮とヴィジョンが必要となる。それらの課題に伴い、グループ毎の話し合い時の司会の指導は鍵となる。技術的な面だけではカバーしきれないのでハードルは高いが重要な学びとなり得る。共同創作は楽しい。同時に言葉に留まらない広い学びがある。

「俳諧（連句作品）はなくてもあるべし」[16]（『三冊子』）という言葉がある。芭蕉はよい作品を作ることを目指すが、作句の場と連座した人を何より大事にしていたという。「連詩」「連句」を創作するとき、前の詩や句をよく読み、考え、言葉を厳密に選んで創らざるを得ない。同席した読者の作品解釈は作者の意図を超えることもある。同席者一人一人が真剣に読み、考えた意見は作者の可能性を広げる。しかも、共同で創作した後も、作者らしい語調や発想は生きる。そのことが、作品と創作者（＝読者）を理解し、尊重することにつながる。「連詩」の創作の実践は「連句」に比べてもまだけっして多くはない。だが、学習者が「連句」「連詩」活動から学ぶことは大きいのではないだろうか。

注

（1）大岡信『連詩の愉しみ』岩波書店一九九一年一月　p.30
（2）冨田勲・作曲『イーハトーヴ交響曲』は、宮沢賢治の文学作品を題材としている。管弦楽と合唱、ボーカロイドの初音ミクをソリストとして起用。初演、二〇一二年一一月二三日、大友直人指揮、日本フィルハーモニー交響楽団、東京オペラシティ。
（3）「アンケート　現代詩、ここが疑問」『月刊国語教育』東京法令出版　一九九二年一月　pp.42-45。中学校、高等学校の各四名の国語科教師の現代詩の指導への疑問や課題を取り上げたアンケート結果を記したもの。
（4）谷川俊太郎・宇宙航空研究開発機構ＪＡＸＡ『宇宙連詩』メディアパル　二〇〇八年九月　pp.68-69
（5）西村るり（熊本市立北部中学校）『月刊国語教育』二〇〇五年八月。中本環「聞く力　三」『国語教育相談室』二〇〇〇年九月光村図書　pp.2-5。マーガレット・ワイズ・ブラウン作『たいせつなこと』フレーベル館、二〇〇一年。
（6）打越は前々句と語句・表現・意味・趣向による句が付けられ、意識の流れが戻ること。連句には二十八韻、二十韻、ソネットもある。
（7）「櫂」同人は一九七一年十二月より一九七七年十二月までに十一巻の連詩を巻き、複数の行数とルールを試みた。回を重ねる毎に参加者がオープンになり、詩作が変化したことが記されている。大岡信「執筆記録」による。櫂同人『櫂・連詩』思潮社一九七九年六月。
（8）中西一彦「連詩の試み――イメージ感覚・言語感覚を磨こう――」『月刊国語教育研究』日本国語教育学会、一九九二年二月
（9）竹久学・土戸真理子「『宇宙連詩』中学校の取り組み　ＪＡＸＡ二〇〇八年度報告」ＪＡＸＡ「学校宇宙連詩への取り組みの報告」より（URL　http://iss.jaxa.jp/utiliz/renshi/index.html）。
（10）「宇宙連詩」は、二〇〇六年度から二〇〇八年度までの3期、ＪＡＸＡ（宇宙航空研究機構）が実施した。第3期は、監修を大岡が、さばきを野村喜和夫が行った。小中高等学校複数校の実践報告が掲載されている。当時、ＪＡＸＡでは、宇宙連詩の教育現場での発展・普及を推進した。地域プラネタリウムや学校と連携して、地域や学校ならではの宇宙連詩を編纂するプロジェクトを行った。宇宙連詩が届けられる「きぼう」とは国際宇宙ステーション（ＩＳＳ）に接続される日本の実験棟の名称である。
（11）依藤美佐「『連詩』に親しみ、言葉を育む」『月刊国語教育』二〇〇八年十月。
（12）資料・生徒作品は、URL　http://iss.jaxa.jp/utiliz/renshi/index.htmlによる。生徒名はイニシャルとした。
（13）大岡信『連詩の愉しみ』岩波書店一九九一年一月　p.35
（14）谷川俊太郎　宇宙航空研究開発機構ＪＡＸＡ『宇宙連詩』メディアパル　二〇〇八年九月　p.51。

(15)ジャニーン・バイチマン、大岡信『詩人・菅原道真―うつしの美学』岩波書店一九八九年八月　p.31。ジャニーン・バイチマンは、連歌について取り上げ、次のように述べている。大岡はそのとらえ方に注目した。「作者と読者の間に緊密な関係（実は同一性）があるから。その制作は（理想的には）、さえぎるもののない純粋な出会いとなり、人と人を結び、人と人が相互間に権力闘争や支配欲でなく相互協力を誘引するような方法で関係しあう場でありうるから――それは、（少なくとも私にとっては）人間行動の理想である。（中略）階層的関係を超えた相対性と平等を持ちうる。」

(16)服部土芳「三冊子」奥田勲ほか校注・訳『新編日本古典文学全集』八八巻　小学館　二〇〇一年九月　pp.545-657。

参考文献

大岡信・谷川俊太郎・H・Cアルトマン他『ファザーネン通りの縄ばしご――ベルリン連詩』岩波書店　一九八九年三月二十四日　カセット　朗読資料

貝田桃子『10分でできる創作し伝え合う国語科の授業』学事出版二〇〇〇年四月二五日

黒岩淳「連歌の魅力」『連歌と国語教育――座の文学の魅力とその可能性』溪水社二〇〇二年八月一日

黒岩淳「俳諧連歌を理解させる『奥の細道』――芭蕉の発句をもとに『表八句』の創作」『月刊国語教育』東京法令出版二〇〇九年四月

近藤真「表八句の創作」『月刊国語教育』東京法令出版二〇〇九年一月

近藤真『中学生のことばの授業』太郎次郎社エディタス二〇一〇年九月三十日

日本作文の会『児童詩教育事典』百合出版一九七〇年二月二五日

服部土芳「三冊子」奥田勲ほか校注・訳『新編日本古典文学全集』88巻　小学館　二〇〇一年九月　pp.545-657

浜本純逸監修・田中宏幸編・児玉忠「第九章　詩歌を創る（詩・短歌・俳句）」『ことばの授業づくりハンドブック』中学校・高等学校「書くこと」の学習指導』溪水社二〇一六年三月十五日

堀江祐爾『書く力がぐんぐん伸びる！「言葉のワザ」活用ワーク　明治図書出版　二〇一〇年七月

町田守弘編著・平野孝子「七章　言葉を育む詩歌の授業」『実践国語科教育法　第二版』学文社　二〇一六年三月

三浦和尚・夏井いつき『俳句の授業ができる本』創作指導ハンドブック　三省堂　二〇一一年一月三〇日

三浦和尚「評価としてみた句会ライブ」『国語教育実践の規定』三省堂二〇一六年一二月二五日

吉田瑞穂『児童詩の見かたと指導法』新光閣書店　一九九六年三月
H・D・ウィドゥソン・監修　筧寿雄『文学と教育――詩を体験する――』英宝社　二〇〇五年三月二五日

第三章　短歌・俳句を創る

小林　一貴

一　授業実践上の課題

中学校の短歌・俳句の創作指導は、創作を通して短歌・俳句に親しむ段階を土台として、言語文化としての創作を意識的に行える能力の育成を目指してきている。

創作に親しむ段階では、短歌・俳句に特有の定型とリズム、季節感などを学び、日常生活のことがらを表現する楽しみを知り、身近な表現として短歌・俳句を身に着けることを主な目的とする。藤井（一九九七）、西田（二〇一七）の実践のように、教科書教材の代表的な作品だけではなく、児童・生徒の俳句を教材とし、学校生活全般との関わりによる継続的な俳句指導など、児童生徒の創作の素地を養う授業実践の取り組みが行われてきている。

その上で、次のような課題もある。石塚（二〇一五）は、子どもの俳句がその作法に則って評価されるとは限らず、創作においてどのような価値感をはたらかせるべきかが十分に意識されないまま指導がなされているとする。そして、「一見、容易に見える創作には、そう見えるからこそ、そこにはかりしれない作者の努力と工夫が潜んでいることを、学習者たちに自身の創作を通して気づかせることが重要だ」とし、「真の「親しみ」とは、その対象とする存在への尊崇・畏敬の念なくして生まれない」（p.3）と述べている。中学校の短歌・俳句の創作指導に関しては、伝統的な言語文化としての創作過程に特有の認識や思考をはたらかせ、創作活動の自覚化の機会をいかに設けるかが学習指導上の課題である。

こうした課題は、これまでの授業実践の中でも共有されてきた。宝代地（二〇〇一）の創作短歌やはがき歌の実践、近藤（一九九七、二〇一〇）の俳句の授業、高木（二〇〇五）の作品解説を書くことを取り入れた指導、そして日本俳句教育研究会・三浦・夏井（二〇一一）などである。これらの授業実践は、児玉（二〇一六）による「個人創作」と「共同創作」の分類をふまえれば、生徒が自身のイメージを言語化していく「個人創作」に相当すると考えられる。一方、「共同創作」は、複数の生徒が一緒になって一つの作品を作り上げる。児玉が「もともと「座」の文学として発展した俳句創作に関するものには優れた実践事例が多い」（p.204）と述べているように、「共同制作」は短歌・俳句の創作指導を行う上で重要な考え方である。本章では、こうした「共同創作」、そして、教材との対話を通した協同、合作に基づく創作指導を取り上げる。

二　授業実践例について

1《短歌》小嵜麻由「万葉人とのコラボレーション　――はるくさの歌物語を創る――」（中学校三年）

二〇〇六（平成十八）年に万葉仮名で書かれた木簡が発見された。万葉仮名は「はるくさのはじめのとし」と読むことができ、和歌の冒頭部分と考えられた。この木簡（「はるくさ木簡」）に記された和歌の冒頭を教材とした授業実践である。授業者の勤務校（神戸大学発達科学部附属住吉中学校）では、「様々な種類の教材を学習材として取り入れ、生徒の「読む」「書く」「聞く」「話す」活動を総合的に設定」し、学習を「多角的、多面的に展開」することにより「生徒たちの学習意欲を高め、国語の力を伸ばす」という「国語科総合単元学習」(p.18)を推進している。この学習の考え方に基づいて「はるくさの～」に続く和歌を創作することにより、「万葉人と現代人が和歌でコラボレーションする」(p.16)という〈共同創作〉の授業である。

（1）学習目標

学習目標は次のように設定されている。「1、和歌に関心をもち、すすんで読み味わおうとする。」「2、小集団で場面設定し、歌物語を創作することができる。」「3、和歌に読み込まれた情景や心情を読み取ることができる。」「4、平仮名の成立についての歴史的背景が説明できる。」(p.18)

（2）学習指導計画

㈠～㈦の学習の段階を設けている。㈠～㈣は、主に和歌と歌物語について、㈤～㈦は創作の学習である。「はるくさ木簡」を中心的な学習材とした「国語科総合単元」となっている。学習の流れは次の通りである。

㈠「「万葉集」「古今和歌集」「新古今和歌集」数種」、㈡「「伊勢物語」部分」、㈢「万葉集を当時の音で読む」、㈣「NHK番組「その時歴史は動いた――平仮名の成立――」」、㈤「「はるくさ木簡」に関する新聞記事」、㈥「歌物語の創作（小集団）」、㈦「短歌創作（個人）」(pp.18-19)

（3）指導上の工夫

①書く場

木簡に記された和歌の続きを募集した「二〇〇八年なにわの宮万葉歌」に応募する作品を創る。

②「書く内容」の発見、拡充

(六)の「歌物語の創作」にあたっては、「卒業式の日」や「老夫婦の春の散歩」などのテーマに沿って、グループのメンバーがそれぞれの場面を担当して短歌と物語を作る。メンバーの作品を合わせることにより、場面設定に沿った一つの歌物語を作るという「協同的に歌物語を創作する」工夫がなされている。

③「書き方」の習得・活用

(二)の段階において、「『伊勢物語』の「かきつばた」の場面を参考」に書き方・技法を学習する。

④「推敲・交流・評価・処理」の工夫

(六)では次のような「協同的な学習形式」を取り入れている。

「①小集団で創作する物語の登場人物や場面の設定を行い、起承転結の四場面に分けて、各自自分書くところを分担する。条件として「はるくさ」という言葉を歌物語のどこかに必ず使用することにする。／③創作した作品を小集団で読み直し、校正して清書する。」(p.19)

授業者は学習の成果として「生徒の創作意欲を引き上げる」、「生徒の作品の内容が、文学的、文化的に引き上げられ、作品レベルを上げた」、「日本の文字について新しい視点から指導できた」と述べている。また、「自分のこととして古典に向かうことができるような学習活動」(p.20)ができたとしている。

⑤生徒作品例

「卒業式の日」の歌物語は、〈卒業証書をもらうまで〉、〈卒業式の後の教室で〉〈写真撮影〉〈校門を出る〉という四つの場面から成る。短歌では、卒業の日の場面や卒業後の生活に春草の香りを詠み込んでいる。

以上のように、和歌の一部を引用、反復し、歌が創り出されるはたらきに沿って生徒が創作するという授業実践の考え方が具体的に示されている。

2 《短歌》近藤真「俵万智と恋をする──相聞歌で恋愛へのあこがれを詠む」（中学校二年）

近藤（二〇一〇）には、詩、俳句、短歌、そして連句の授業実践記録が収められている。その中から短歌の授業を紹介する。なお、近藤（一九九七）の俳句の授業実践については、児玉（二〇一六）において紹介されている。

授業実践は、次の「大津皇子と石川郎女とのあいだで交わされた歌」（相聞歌）から構想されている。

「あしひきの山のしづくに妹待つとわれ立ち濡れぬ山のしづくに　大津皇子
吾を待つと君が濡れけむあしひきの山のしづくにならましものを　石川郎女」（p.51）

この相聞歌を理解した上で、俵万智の短歌に対する返歌を詠む活動を中心とした授業である。

（1）学習目標

恋人になって返歌を詠むという「虚構の短歌の創作」のねらいは次のような言葉に表されている。

「いかに自分が当事者になれるか。「君」や「あなた」になりきって、歌人の愛情を受けとめられるのか。そして真摯に誠実にその返しが詠めるのか。相聞歌を詠むことは、俵万智の歌をわがこととして深く詠むことにほかならない。これまでの短歌の授業で学んだことがらを精いっぱい活用して歌を詠む。しかも、たんなる詠み手ではなく、作者と同じ次元に立つ表現者として。」（p.54）

（2）学習指導計画

授業の準備段階として、俵万智の歌集『サラダ記念日』（河出書房新社）を生徒に渡し、そこから呼びかけられた恋人になりきって返歌を読んでみたいと思う短歌を生徒が選ぶ。その中から授業者は十一首を選んで教材とする。

授業の一時間目では、授業者はもう一人の教師と大津皇子と石川郎女の贈答の歌を寸劇で演じ、生徒に相聞歌の理解を促す。その上で、先に選んだ十一首から返歌を詠みたいものを選び、返歌を詠む。次の時間では、教師も返歌を詠み、各自の歌を画用紙に書いて黒板に貼り出し、各自三首を選ぶ、点の高かった作品を発表する。

（3）指導上の工夫

歌を詠む当事者になることをねらいとした指導の工夫がなされている。

①書く場

「相聞歌」を寸劇で紹介するなど、生徒が「歌が一詠みかわされたときの気合いを直感的に飲み込める」ような設定を行っている。また、「あなたがたは俵万智さんの恋人に変身します。」のように、役割を明確にしている。

②「書く内容」の発見、拡充

返歌を詠む役割として、短歌の中の人称に着目している。「歌のなかで俵さんは『君』や『あなた』ということばで恋人に呼びかけています。そこで呼びかけられている『君』『あなた』に自分がなりかわって、俵さんの歌への返歌を詠みなさい」（p.54）との指示をしている。このようにすることで、短歌の解釈と返歌を詠むことが一体となって創作が行われる。また、ペンネームを用いて、虚構の創作に取り組み易くしている。

③「書き方」の習得・活用

この授業に先立って、生徒は紫陽花を題材として、また野外宿泊学習の体験について短歌を作っており、「三十一音を連ねる」経験をしている。その経験を土台として、返歌を詠むという方法をとっている。

④「推敲・交流・評価・処理」の工夫

生徒の作品を紹介した後に三首を選ぶ。その際、「作者にあてて簡単なメッセージを添える」ことを行っている。

ここで、「作品のどこがどう良いか具体的に気づくために、以下の評価の観点を示した」という。

1「君」になりきっているか
2本歌における情景や作者の心情を正しく理解したうえで作っているか。
3本歌との「対話」が成立しているか。
4以下のようなよさがひとつ以上あるか。
①形式（三十一音）が整っている。
②本歌の読み手に対するやさしさ、思いやりがある。
③きらりと光る表現がある。
④なるほど、と納得させるような表現がある。
⑤質の高いユーモアがある。
⑥ほかの作品にないその人らしさがある。（pp.60-61）

この観点に基づいて歌を選び、メッセージを添えた評価カードを書く。多くの生徒が選んだ作品を読み上げ、作者の名前を出すことで、創作した短歌についての様々な反応が生じていく。授業者はこうしたやりとりについて、「表現することがつながることである。虚構の表現形式をとりながら、否それゆえに、じつは青春期の入り口に立つ中学二年生が抱いているあこがれや本音が表現された。」（p.63）と述べている。

⑤生徒作品例

授業で用いた十一首の中の一つで、待っても来ない相手をキャラメルを食べて待つという内容の俵万智の短歌に対して、時間に間に合わないことの許しを請う歌や、会えなくてもいつも君を想っていることを詠んだ歌などを生徒は返歌として作っている。

3《俳句》宗我部義則「連句であそぼう！新しい定型詩の学習材の提案」（中学校一年）

「連句」について、「長句（五七五）と短句（七七）を交互に連ねて一連の作品に仕立てていく共同制作の詩」（p.16）と位置付けている。「ある一つの句の創作で完結せず、一つの句が新たなモチーフとなって次の句の創作が連鎖的に行われる」（p.17）という過程を重視する。

（1）学習目標

連句の共同制作のプロセスに重点を置き、「仲間とともに一つの作品を作っていく楽しみ、言葉や表現を手がかりに自由に想像の世界を生み出していく楽しみ、言葉の力や輝きを発見する」（p.16）こととしている。

（2）学習指導計画

「連句の創作過程」として「実践の理論的背景となる連句の特質」の観点から「①前句の読み＝創造的な〈読み〉」「②付句の創作＝イメージの展開と言葉への定着化」「③読みと創造の結果としての付句の提出＝作品発表」という流れを示している。

前句に対して付句をする際のポイントと、挙句までで一つの作品としてまとめていく流れが整理されている。授業者は、「生徒たちは前句の言葉や表現に関わって、自由にイメージや意味を作り出し、それを発展させて付句に表現するというたいへん主体的かつ能動的な学習活動を常に繰り返すこと」（pp.17-18）を重視している。

（3）指導上の工夫

①書く場

共同制作を重視し、「詩の創作という明確な目的意識に支えられたコミュニケーションの学習が成立する」（p.18）ことを基本としている。そこで必要なのは、「単に技能的に対話の呼吸を学ぶこと以上に、心を開きあい、互いに存在を確かめ、認め合っていく中で、よりよい作品と生み出そうとする」（p.19）ことであると述べている。

導入では、次の点について指導を行っている。

①連句は五七五と七七の句を相互につなげて作る。
②第一句を発句、第二句を脇、最後を挙句と呼ぶ。
③となりあった二句でひとつの場面・物語をつくる。
④同じ話が三句つづかないように作る。
⑤季語のある句とない句がある。
⑥月・花の句と、恋の句を必ず入れる。（p.19）

②「書く内容」の発見、拡充

発句に脇を付ける段階は一斉学習をとっている。その理由として、「前句に付句を付けるというのはどういうことか」（同）を学ぶためとしている。ここでは、前句の読み込みを重視している。「前句の読みが浅くなるとどうしても付句がステレオタイプになりがち」（同）になるため、「サンプル・プリント」を準備して発句（五七五）の例を挙げ、これに脇を付ける手順と観点が示されている。

「手順①　イメージを作ろう」では、「場所・時間・天気は?」「誰が（誰と）どうしている?」「気持ち・思い」「ズームアップ（くわしく）」「パン（まわりに）」「音・におい」「ひとひねり（読み変え）」という観点にそって生徒は記入していく。これらのイメージから話をさらにつなげていき、「手順②　話をつなげよう」の欄に書き込んでいく。こうして前句からイメージし話をつなげたものをふまえて、「脇句集」の欄に複数の脇句を書いていく。

③「書き方」の習得・活用

サンプル・プリントを用いた一斉学習でつくった「脇句」は、名前を伏せて発表し、生徒同士で感想や意見を持つ。この活動を通して、前句の読みとイメージの形成、話のつなげ方を相互に参考にし、脇句の作り方を学ぶ。

④「推敲・交流・評価・処理」の工夫

第三句以降では、グループごとに句会を行っている。ここでは、サンプル・プリントの手続き、観点を簡略化して作っていき、付句をして進行役に出していく。また、「定型にまとまらないアイデア段階で「このような句、場面を付けたらどうか」と提案して、それをグループのメンバーみんなで句の形に仕上げてもよいことにする」(p.20)としている。このようにして進められる付け合いは、「対話、会話を学ぶ場」でもあるという。その際、付けるための話し合いを充実したものにするために、「題材リスト」を生徒に持たせている。

「題材リスト」では、「連句は人間を見つめ、自然を見つめる生活詩」であるという立場から、まだ出されていない題材を示している。題材リストは「①山　海　川　田舎　都会」「②子ども　親　老人　男　女　職業」のようにカテゴリー別に分けられており、①から⑩まで用意している。このリストを見ながら付け合いをすることにより、次は○○を出して付けてみよう、といった発想をとることを促す。また、出来た句を書き入れるシートには発句から挙句までの十二句について「季節配置」と月や花、恋などを入れた句の位置を示し、「次は秋だ。どんな場面にしようか……」と発想を助けることになる」（p.21）ようにしている。

このように、連句を創作する視点から連句の決まりを意識できるようにして学習を進めるようにしている。

⑤生徒作品例

「「とんび」の巻」と題された作品は、子規の「天の川海の南へ流れけり」を発句として、朝波の静かな音、無人駅で彼を待つという秋の句、そしてサッカーや核実験などのニュースを取り上げながら、花が咲き乱れる春の句を挙句とする作品に仕上がっている。

4《俳句》今西千景「俳句学習における「写真」教材の可能性」（中学校三年）

授業者は、「生徒作品を使った「句会」や「句合わせ」にしても、そこで表出される言葉の分析や言葉の評価はできても、俳句作品自体の評価にはならない」とし、句作が「「俳句に親しむ」だけの目的」で行われていることを指摘する。そして、俳句を見る目、批評しながら「言葉のはたらき」を理解できるような学習をねらいとして、「「俳句」と「写真」の両方で一つの世界を形成する「俳写」教材の可能性を探った実践」（p.59）を行っている。

（1）学習目標

次の点を学習の目標としている。「俳句に読み込まれた情景や心情を読み味わい、俳句に親しむことができる。」「自己のものの見方や考え方を、「俳写」や句会等で表現することができる。」（同）

（2）学習指導計画

第一次　「近代の俳句」を鑑賞させる。（二時間）

第二次　写真を分析させ、写真での語りと言葉での語りの関係を考えさせる。（二時間）
第三次　自分が用意した写真を分析させ、俳句を作らせる。（三時間）
第四次　作品を交流させ、句会を行わせる。（二時間）（p.60）

（3）指導上の工夫

教材として教科書（教育出版）掲載の「近代の俳句」十四句、写真五枚（著作権フリー二枚、生徒たち自身の修学旅行の写真三枚）、写真俳句（森村誠一監修、写真俳句サークル）を用いている。

①書く場

写真と俳句が一体となった作品を創る。鑑賞から創作まで、一貫して学習者同士の交流を行っている。交流を学習の土台とすることにより、内容、表現方法、評価を循環させるかたちで学習を展開している。

②「書く内容」の発見、拡充

第一次では、㈠教科書掲載の十四句から気に入ったものを一つ選び、理由を交流して「分析・解釈」を行う。㈡授業者が発問し、生徒が意識的に分析・解釈できるように促す（川東碧梧桐の「赤い椿白い椿と落ちにけり」の「と」をどのように解釈するかを問うなど）。交流を通して、句作の視点、手順を意識化させている。

第二次では、五枚の写真について、〔何が写っているか〕〔どこからそれを見ているか〕〔どのように写されているか〕〔細部の要素はどうか〕〔写真全体の印象〕〔季節はいつか〕という観点から分析し、タイトルをつけて交流する。次に、写真俳句について写真→俳句の順に提示し、また、俳句→写真の順に提示し印象の違いを問う。こうした提示を工夫することにより、組み合わせで意味が変化することを分析的に理解する。そして、「創作者として積極的に写真を選んでいこうとする意識や、「俳写」批評の観点に触れ」ることを促している。（p.61）

③「書き方」の習得・活用

②の分析・解釈の観点は、そのまま表現方法の習得へとつながる。特に、毎時間行う授業の振り返りを書くことを通して、俳句と写真を一体化させた表現方法について生徒は自身の言葉で理解をしていく。

このような活動を通して、第三次では「写真の分析と俳句作り」が行われる。写真は生徒が用意する。自分で撮影したもの、これまでに撮影したもの、ウェブサイトからとってきたものを用いている。写真を分析した後に、俳句作りをする。この学習活動について、「写真から俳句をつくったが、俳句を見てその後写真を見たら、印象やイメージが変わるようにするのは難しかった。俳句が写真の説明をしているわけではないため、そういったことに注意しながら俳句をつくるように気を付けた。」（同）という生徒の振り返りを紹介している。

④「推敲・交流・評価・処理」の工夫

生徒が作った「俳写」をもとに句会を行う。句会の流れは、㈠選句（生徒の机の上に置かれた作品を見て一つを選ぶ。選んだ理由をワークシートに書く。）㈡「披講」（生徒を指名し、句を読み上げて選んだ理由を発表する。）㈢「講評」（披講した作品について、別の生徒が意見を述べる。）㈣「名乗り」（選ばれた作品について、作者が趣意を述べる。）、である。こうした句会を通して、「俳句の評価基準を自分の言葉で説明している生徒も多かった」という。（p.62）単に「俳句に親しむ」だけではなく、生徒が自分なりの見方、考え方、感じ方を意識した創作の学習が行われている。

⑤生徒作品例

授業者は、生徒の写真を〈何気ない日常を撮ったもの〉、〈作品作りのために意図的に撮ったもの〉に分けている。前者として、積み上げた問題集の写真とその問題集を「山」に見立てて「おぼえたつもりの山」と表現し、「おぼえたつもり」の字を問題集の積み方に似せて書いた作品を紹介している。この授業について、授業者は「生徒はさまざまな言語活動を行い、自他の、感性・言語操作・「言葉」自身に感動することができたとも感じている。何より生徒自身が生徒自身の言葉で、評価の観点として俳句と写真が両方そろって表現されたときの意味内容の変化や深化をあげたことが大きな成果であったと考える。」（p.63）と述べている。

三　授業づくりのヒントやこれからの課題

1から4の授業実践では、〈歌物語〉、〈返歌〉、〈句会〉、〈連句〉のように短歌・俳句に特徴的な学習活動を取り入れている。ただし、学習活動の方法を工夫するだけでは、必ずしも短歌・俳句の創作の学習になるわけではない。学習者が物事の見方、考え方、感じ方をはたらかせ、表現活動を評価し批評する能力に基づいて、創作活動の自覚化ができるようにするためにも、教材との対話を促すような発問や観点の提示が必要となる。そのためには、中心的な教材の取り扱いに焦点を当てて授業を構想することが求められる。（1）から（4）の授業実践では、創作の学習のためにいずれも中心的な教材の取り扱いに工夫がなされ、作品とのつながり、対話による創作活動が行われていた。これらの点をふまえて、課題を二点述べる。

一つ目はつながりの意識化である。例えば、1では「はるくさ」の反復、引用、2では俵万智の短歌との応答が創作の基盤となっている。ここでは、創作において他者の言葉に出会い、その出会いが創作を生み出している。こうした創作活動では、出会う言葉が何者によって発せられたのか、いかにしてその言葉が用いられたのかを問い、その問いに一定の答えを与えることが求められる。教材との対話を通して創作が成立するとすれば、生徒の表現の中に他者の言葉が直接、間接に息づいていることの意識化がなされているかどうかが学習成立の要件となる。短歌・俳句の創作に向けた教材との対話、そして学習者の創作への意識化のあり方を考究していく必要がある。

二つ目はテーマの選択である。短歌・俳句の創作では、生活経験に関わるテーマ（学校行事や恋愛など）が多い傾向がある。紙面の都合で紹介できなかったが、池田（二〇一五）の授業実践のように、地域の自然や風土、習俗を詠み込み、地域へのまなざしを再創造していくような創作の学習指導の開発も視野に入れていく必要がある。

参考文献

石塚修「創作活動はほんとうに楽しめるのか」日本国語教育学会『月刊国語教育研究』No.513、二〇一五年、pp.2-3
池田いずみ「伝統的言語文化を理解し、継承する態度を養う俳句の創作指導について」（日本国語教育学会『月刊国語教育研究』No.513、二〇一五年、pp.16-21）
今西千景「俳句学習における「写真」教材の可能性」（日本国語教育学会『月刊国語教育研究』No.507、二〇一四年、pp.58-63）
小嵜麻由「万葉人とのコラボレーション――はるくさの歌物語を創る」（日本国語教育学会『月刊国語教育研究』No.440、二〇〇八年、pp.2-3）
近藤真「季語体験を重視した俳句の創作指導」（中学校国語科教育実践講座刊行会『中学校国語科教育実践講座　大五巻』ニチブン、一九九七年）
近藤真『中学生のことばの授業　詩・短歌・俳句を作る、読む』（太郎次郎社、二〇一〇年）
宗我部義則「連句であそぼう！新しい定型詩の学習材の提案」（日本国語教育学会『月刊国語教育研究』No.309、一九九八年、pp.16-21）
高木伸幸「自作解説を書かせる短歌・俳句の創作」（『月刊国語教育』No.303、二〇〇五年、pp.46-49）
西田拓郎、高木恵理『俳句の授業をたのしく深く』（東洋館出版社、二〇一二年）
西田拓郎「仲間の俳句に学び句会で深める」（全国国語教育実践研究会『実践国語研究』No.341、二〇一七年、pp.58-60）
藤井圀彦『俳句の授業・作句の技法』（明治図書、一九九八年）
日本俳句教育研究会、三浦和尚、夏井いつき　編著『俳句の授業ができる本――創作指導ハンドブック』（三省堂、二〇一一年）
宝代地まり子『中学校国語科表現指導の探究』（溪水社、二〇〇一年）
児玉忠「詩歌を創る（詩・短歌・俳句）」『中学校・高等学校「書くこと」の学習指導』（溪水社、二〇一六年、pp.183-208）

第四章　文学創作の教科書教材

木本　一成

一　教科書の創作教材の特徴

本章では、教科書に掲載された創作教材を取り上げ、その特徴と課題を明らかにする。対象とする教科書は、昭和五〇年版～平成二八年版（発行年度ではなく使用開始年度をさす）で、主に物語や小説の創作教材である。

1　創作の意義

物語や詩歌などの文学的文章を創作することの意義について、「中学校学習指導要領解説　国語編」（平成二〇年）には、次のようにある。

・描写を取り上げているのは、中学校段階において、人間の心の動きや、自然現象を含む身の回りの様々な物事、印象に残る経験などを見つめ直して、それをイメージ豊かに文章に表すことを求めているからである。これは、「C　読むこと」における文学的な文章についての指導とも関連する。

・身の周りの物事や体験、心の動きなどをとらえて詩歌をつくったり物語を書いたりすることは、生徒のものの見方や感性を豊かなものにすることにつながる。

ここに記されていることから「創作を書くことの意義」に関する事項を抜き出すと、次のように整理できる。

a　気持ち、出来事、経験などをイメージ豊かに表現する力を育てる
b　文学的な文章を読む力を高める
c　ものの見方・考え方、感性を豊かにする

中学校の書くことの教材は、説明・報告・主張などの論理的文章が中心であるが、それだけでは十分でない。それを補うのが、aで示されている気持ちや印象などを表現する文学的文章の創作教材である。創作では、出来事や対象をイメージとして直観的にとらえ、描写や象徴、比喩などを用いて読み手の形象的な認識に作用するように表現する。それはcにあるように、論理的な認識とは異なる別の見方や考え方を育むことになる。このような文学的な表現を学ぶことは、bのように文学作品を読む力を高めることにも役立つという意義がある、という指摘である。

教科書では、このような意義を考慮して創作教材が編成されている。

ところで、少し古い教科書（旧版）を参照すると、創作の意義を次のように記述しているものがある。

ほんとうの自分とは何でしょうか。周りのものごとやできごとに対して、怒ったり悲しんだり、あるいはこうありたいと願ったりすることの中に、わたしたちは、ほんとうの自分を見つけることができます。

これまできみたちは、幾度も体験を再現する文章を書いてきました。ここでは、ほんとうの自分を見つめながら、物語や小説の形で書いてみましょう。

自分の体験や願いの中で、いちばん切実なことはどういうことかを問いつめて、それを書き表すために、一つの物語や小説を作るのです。自分のことを三人称で書いたり、あるいは、新しい人物や事件を設定して書いたりすることによって、事実だけではなく、より真実の自分というものをとらえることができます。

「創作を通して自己を表現してみよう」（学図、昭和五三年版、中３）

この教材では、三回も繰り返し使われている「ほんとうの自分」という語句や、「いちばん切実なこと」「問いつめる」という表現から、書くことの内省的な面が強調されている。この教材では、自己を知るというような自己認識や、問題をとらえ直すというような現実認識など、価値的な目標に創作の意義が置かれている。ひるがえって現行教科書をみると、創作教材は価値的な目標が少し抑制され、文学的な表現力などの技能的な目標が強調されているととらえられる。

2　創作における「虚構」の説明

物語や小説などの創作では、生活文と異なり、見たり聞いたり体験したりしたことをそのまま取り上げることはない。自分が伝えたいことを表現するために、実際の出来事は修正、加工され、新たに空想した出来事が組み込まれていく。このような作業をする上で重要なのは、虚構という概念である。学習者に、真実を表現する手段として論理的な表現とは別に文学的な表現、つまり虚構という方法を理解させることに、創作の学習としての意義がある。

このことについて、旧教材の中には次のように述べているものもある。

> 文章を書くには、事実をありのままに正確に書くということがだいじである。が、更に事実に基づき、想像を加えて、フィクション（虚構）の世界を描いてみるのも、表現力を伸ばすうえで役立つところが多い。
> 普通、フィクションというのは、小説などを創作するとき、事実でないことを事実であるように組み立てることをいう。そのように組み立てることによって、作品の主題を、より的確に、より効果的に表そうとするのである。
>
> 「創作への試み」（教出、昭和五三年、中3）

ここでは、「虚構」ということばを用いて、事実に基づいた想像、事実でないことを事実であるように組み立てることであると指摘し、それによって作品の主題が表現されることが述べられている。少し短絡的な言い換えにはなるが、あえて事実でないことを書くことによってものごとの真実を明らかにするということができるということを述べており、事実でないことを書くことの積極的で肯定的な意味が示されている。

これに対して現行の教科書では、虚構についての記述は、文学の読みの教材にはあるが、創作教材にはない。あえて似たような記述を探すと、たとえば次のようなものがある。

自分が体験した心に残る出来事を基にして、「ある日の自分」の一場面を物語にしてみよう。登場人物の一人となった自分を見つめて、場面の様子や人物の気持ちなどの描写を工夫しよう。物語を書くことで、どんな自分が見えてくるだろうか。

「表現のしかたを工夫して書こう　「ある日の自分」の物語を書く」（光村、平成二八年、中２）

想像を豊かに広げて、物語を作ってみよう。それには、想像で広げるための出発点が必要になる。例えば、読んで心に残った短歌を出発点にしてみよう。短歌では、情景や心情が、限られた言葉に凝縮して表されている。一方、物語では、場面ごとの情景や出来事、人物の行動や心情などが多くの言葉によって描き出される。短歌の表現から想像を膨らませ、自分だけの物語を創作しよう。

「いきいきと描き出そう　短歌から始まる物語」（東書、平成二八年、中２）

「場面の様子や人物の気持ちなどを工夫」したり、「想像を豊かに広げ」たりするというのは、出来事などの原体験をもとにイメージをふくらませ想像することを述べたものである。簡単にいうと、空想して書くという創作である。空想することで、学習者は体験した事実の再生にとらわれることなく出来事を自由に思い描くことができるようになる。その結果、出来事の細部をイメージ豊かにとらえたり、出来事の意味や人物の気持ちについて気づくことができるようになる。これは、無意識に感じていたことを自覚することでもある。

これに対して虚構は、出来事について意味づけし、その背後にある真実を明らかにしようとする表現行為である。そのため、出来事を再現するのではなく創造することが求められ、書き手として出来事や人物などの対象に向き合う姿勢が問われることになる。つまり、どのようなものの見方・考え方で対象をとらえているのかという認識の内容や方法を自覚することが促される。

現行の教科書が想定している範囲が虚構ではなく空想だとするならば、求められる表現行為はおのずと限定されることになる。たとえば、解説文に「自分を見つめ」る、「自分だけの物語」とあるのは、ふだんあまり自覚することのない自分の内面に気づかせるのを目標としているのであって、自分の考え方や生き方を明らかにすることを求めているわけではないことに留意する必要がある。

二　創作教材の具体例（物語・小説の場合）

1　読みの教材をもとにした創作

物語や小説の読みの教材の中で、読み取ったことをもとに人物の気持ちや場面の様子を想像して書く活動が設定されているものは多い。

小説「少年の日の思い出」（学図、平成五年、中1）の手引では、「次から一つ選び、書いてみよう。／「僕」の日記（ちょうを全部つぶした日のことを、後日書いたもの）／「僕」へのなぐさめの手紙／エーミールの日記（ちょうをつぶされた日）」とある。日記では人物に同化すること、手紙では人物に寄り添うことで、人物の内面をより深く読み取ることが期待される。ただし、日記や手紙は作品の人物と学習者の状況が近い関係にあるときは効果的だが、そうでない場合（たとえば、置かれてる状況が自分とはあまりにも異なる場合など）は、配慮がいる。

小説「夏の葬列」（教出、平成一四年、中2）の手引では、続き話を書く課題が設定されている。手引には続き話について、「後日談には、続きがあるならきっとこうなる、というような必然性が必要です。ですから、後日談は、小説から離れて全く自由に書くことはできません」という説明があり、登場人物の人物像や出来事の意味を確認したうえでその後を想像して書くようになっている。必然性のある新たな出来事を作り出して、人物の行動や内面を想像しなければならない点で、また、出来事を説明したり人物の内面を描写したりする際には高い文章表現力が必要になるという点で、設定されている目標は高い。

読み取ったことをもとに、視点を変えて書き換える教材は多い。小説「走れメロス」は、５社の教科書のすべてに掲載されている中２の定番教材だが、手引には次のように書き換える学習が示されている。

ａ　ディオニス、セリヌンティウスなど、メロス以外の人物の視点から物語を書いてみよう。

（学図、平成一八年、中２）

ｂ　ディオニス、セリヌンティウスなどメロス以外の人物の視点から出来事を振り返る独白を書いてみよう。

（学図、平成二八年、中２）

ｃ　メロスがシラクスの町に戻ってくるまでの三日の間に、ディオニスとセリヌンティウスは、どんな会話をしただろうか。ディオニス、セリヌンティウスそれぞれの心の揺れや迷いを想像しながら創作しよう。

（教出、平成二八年、中２）

いずれも視点を変えて書き換える課題であるが、書く内容は少しずつ違う。課題ａは、人物像を踏まえた上で、ある場面をその人物の視点から再現する創作活動である。もとの作品に描かれている出来事や人物の気持ちを作りかえるような創作ではないので、読み取ったことを創作をとおして再確認するような学習になる。課題ｂは、「出来事を振り返る独白」とあり、自らの言動を反省的に語りながら出来事を意味づけ、作品に書かれていないことについて想像して書くことになる。学習者にとって設定されている目標は高い。課題ｃは、もとの作品では詳しく描かれていなかった人物の「心の揺れや迷い」を想像して書く学習である。三日の間で二人の考えや信念が微妙に揺れ動く様子を想像しながら書くのは意外に難しい。会話の内容は自由に想像すればよいことになってはいるが、結局、作品の中に描かれている出来事や話題をもとに会話を考えることになるだろう。

視点を変えるということは、その人物に寄り添って物語をとらえ直す、ということである。創作によって人物像や出来事への理解がいっそう深まることが学習の重要な目標になっている。したがって、誰の視点に立たせるのか、どの場面を取り上げるかが重要である。

２　提示された資料をもとにした創作

学習者が創作の学習で困ることの一つに、題材が思いつかないということがある。この問題への対応として、題材となる資料が提示されている創作教材がある。資料としては、写真、絵画、漫画などがある。写真や絵画、漫画には多くの情報が組み込まれているので、その細部に着目させることが想像を膨らませていく鍵になる。

絵画や写真の場合は、複数の資料を組み合わせて想像を膨らませようとしているものがある。「写真から物語を創作する」（教出、平成二八年、中2）では、2枚の人物写真と3枚の風景写真が提示される。人物写真と風景写真を組み合わせることで、ある場面を想像させ、その場面から想像することでストーリーを作らせようとしている。教材には、描写や比喩の書き方の説明や、ある場面の会話例が示されているが、個別で断片的な記述である。複数の資料から想像した一つの場面を、いかにひとまとまりのストーリーへと展開していくか、その道筋を示すような記述が求められる。

漫画の場合は、ストーリーがあるので、そこに着目すれば比較的容易に物語の展開を想像することができる。「想像をふくらませて」（光村、平成五年、中2）では、西岸良平の漫画「夕焼けの詩」を題材にして、各コマに描かれた絵を見て空欄になっているせりふ（吹き出し）を想像し、話の展開をイメージしてから物語を書く活動が示されている。表現については、「絵で表していたことを言葉で表現することになるので、情景や人物の行動を丁寧に描写したり説明したりするようにしよう」とあるが、例示されている生徒作品例は、様子や気持ちの描写が少なく、漫画のあらすじを説明したような文章になっている。もとの漫画は12コマで比較的長いにもかかわらず、創作する物語の字数は一二〇〇字程度で、丁寧に描写するには字数が不足している。またコマ数が多い漫画では、コマとコマとの間の描かれていない場面を想像する活動がないがしろにされることも懸念される。どのような漫画を用いてどのように想像を広げさせていくのか、まだ検討の余地がある。

提示される資料が、古典や詩歌の作品というものもある。古典や詩歌は、省略や象徴的な表現が多く、作者の思いが短い言葉で圧縮して表現されている。物語の創作は、その短く圧縮された表現を長い文章に展開していく活動であるととらえれば、詩歌から物語へという活動は、学習者にとって取り組みやすい学習ということができる。

次に示す「いきいきと描き出そう　俳句から始まる物語」（東書、平成二四年、中2）は、俳句をもとに物語をつくる教材である。選んだ俳句をもとに、イメージを広げることから構想を練って記述するまでの過程が詳しく説明されている。たとえば、俳句「赤ちゃんの寝ている闇に蛍かな」をもとに創作した物語では、話の展開をイメージ豊かに想像する方法を、次のように説明している。

一つの場面につながる別の場面を考える

啓太は、父に連れられて、妹の亜紀といっしょに川に来た。川のほとりで蛍を見つけて、啓太はうれしかった。

この蛍はどこで捕まえたのかな……。川のほとりで蛍を見つける場面を加えてみよう。

→

啓太の母が、赤ちゃんの寝ている部屋に、蛍の入った虫籠を置いた。蛍が部屋の中で光ってきれいだ。

矢印の向きから、俳句から想像した初期のイメージは、「啓太の母が、赤ちゃんの寝ている部屋に、蛍の入った虫籠を置いた。蛍が部屋の中で光ってきれいだ」である。これをもとに、物語の展開を考えるには、時間を逆転させて考えるとよいというのである。つまり次のようにである。（次の図示は論者による。教材には示されていない。）

問いの順序 ←

		〈場面〉
「この蛍はどこで捕まえたか?」	↓「川のほとりで捕まえた」	川
「なぜ川に行ったのか?」	↓「父が川に行こうと行ったから」	居間
「なぜ父は川に行こうと言い出したのか?」	↓「いつもと違って機嫌がよかったから」	居間

→ 時間の順序

一つの出来事をもとに、その出来事が発生した理由を順番に聞いていくと、その出来事の始まりの様子が浮かんでくる。この因果関係の順序で並べたものを時間の順序に並べ替えれば、物語の流れ（プロット）ができる。併せて、それぞれの出来事の場所はどこかを明確にすれば場面ができる、という説明である。

また、描写については、解説と作品例で次のように示している。

> 登場人物の心情は、「うれしかった」「楽しかった」などと直接に書くよりも、会話文や行動の描写から伝わってくるように書くと、読み手の想像を促すことができる。
>
> 場面ごとの風景は、視覚的なものだけでなく、聴覚や触覚といった五感に訴えるように描き出していこう。比喩などの表現技法を使うのが効果的なこともある。
>
> ---
>
> 明かりが一つもない、真っ暗な土手。黒々とした川の流れが丈の高い草の間に見え隠れしている。ザーザー流れる川の音と、湿った土の匂いがはい上がってくる。足もとが危うい。
>
> 「お父さん、蛍なんて……」
>
> 「静かに。」
>
> ……（論者による省略）……
>
> 夜露に服がしっとりとぬれている。啓太は川べりに立って、暗闇に目を凝らしていた。あっちの草陰、こっちの草陰と、同時に何か所もが呼吸するように光を発している。
>
> 「亜紀、手を出してごらん。」
>
> 父の柔らかい声が、少し離れた所から聞こえてきた。
>
> 「何。」と亜紀の声がする。

作品例を見ると、「明かり」「黒々と」「暗闇」「光」のように、明るさをあらわすことばがある。蛍狩りの様子を描くには、辺りの暗さと蛍の光の明るさを対照的に示すことが重要である。辺りの暗さを強調するために、「足下が危うい」「目をこらす」のように暗くて戸惑っている様子が描かれている。暗くて見えにくいので、「川の音」「土の匂い」「湿りけ」のように視覚以外で感じたものも描かれている。説明されている内容が作品例の中に忠実に反映されており、学習者にとってわかりやすい教材になっている。

資料をもとにした創作は、動機や題材が学習者の思いとは別に外部から与えられることや、比較的短い字数で創作過程の一端を経験する学習であるという点で、書くことの練習作文という位置づけになっている。練習作文は比較的簡単な方法で文学的な表現を経験させることができる、という意義は大きい。そういう点から、このような創作の優れた練習作文の教材が数多く開発されることがのぞまれる。

3　体験をもとにした教材

自分の体験などをもとに題材探しから構想、記述に至るまでのすべての過程を考えて創作させる、というような本格的な創作教材は少ない。指導に時間がかかりすぎる、学習指導要領では必ずしもそこまでは求められていないことを考えれば、本格的な創作教材が少ない理由もうなずける。

ここでは新旧二つの創作教材を取り上げて、それぞれの特徴と課題を明らかにする。

（1）「物語を書く」（学図、昭和六二年、中3）

この教材では、創作を書くことの意義について、次のように示している。

「しろばんば」は作者の自伝的な小説の一つで、耕作は作者の少年時代を回想し、自分にとって重要な意味をもっていたことが何であったかを考え、その体験をもとに想像をふくらませて描いているのです。

【課題1】自分の体験の中から、特に強く印象に残っていることを思い出し、それが印象に残っている理由はなぜかを考えよう。

「自分にとって重要な意味」とあるように、創作をとおして自己の体験を意味づけることがねらいになっている。文学的な表現方法に親しんでその方法を体験的に学ぶというレベルを超えて、出来事を振り返ってとらえ直しその意味を探求するという内省的で高い目標が掲げられている。学習者にとって課せられる心的負担はきわめて大きい。

話の展開を構想する手だてには、次のように起承転結の四場面で構成する例が示されている。

Aさんは、「バレンタインデー」と題して、いつもいじめられてばかりいる長太君を主人公にして物語を書きました。まず、構成メモを作り、四つの場面を次のように設定しました。

1　校庭の隅　　　　――　校庭の隅の木に登らされている長太。長太が先生にしかられる。
2　小学校の教室（一）――　英雄の命令で長太はチョークを自分の顔に塗る。
3　小学校の教室（二）――　チョコレート。長太は盗んだか。
4　学校の近くの公園　――　信代。チョコレート。長太。学校の帰り。

四つの場所を決め、それぞれの場所で生じる出来事を想像すると同時に、個々の出来事がどのように関連するのかを構想することで、関連性のある四つの場面がつながって、まとまりのある話の流れ（プロット）ができあがる、ということをねらったものと思われる。取り組みやすいこと（場面を決める）を先に、取り組むのに手間がかかること（出来事を想像する）を後で取り組むという構想の仕方は、創作の経験が少ない中学生には取り組みやすい。

次にあげるのは、この構想メモにもとづいて作成された作品例の第3場面の一部である。

> 「あっ！　チョコレートや、どこで盗ってきてん。」と英雄はその箱を取り上げてはやしたてた。
> 「そんなもん、知らん。」顔を真っ赤にして、長太は取り返そうとした。
> 「知らんもんやったら、おれがもらってやってもええねんぞ。」
> 　いつもは逆らわないでいる長太も、このときは、英雄につかみかかった。こんなふうに争っていると、体の大きな信代がやって来た。
> 「何すんのよ。これはわたしが長太君にあげたんねんから。」
> 「うわぁ、信代からのんか、信代は長太が好きなんか、うわぁー。」と英雄は箱を机の上に投げた。
> 　信代が長太にそれを差し出すと、長太は、
> 「こんなもん、こんなもんいらん！」と床に投げ捨て、外へ走っていった。

作品例では、場面の様子が読み手によく思い浮かぶように書かれている。それは、人物の内面を直に表現する会話を多く使ったり、「はやしたてた」「顔を真っ赤にして」「つかみかかった」などの様子や行動を表す表現が効果的に用いられているからである。さらに、この場面で話題の中心になっているチョコレートの箱に着目すると、その箱の扱いを表現する言葉が、「盗ってきてん」「取り上げて」「取り返そうと」「あげた」「投げた」「差し出すと」「投げ捨て」のように書き分けられていることに気づく。書き分けられたこれらの言葉は、人物の内面を象徴的に示す効果をあげている。この作品例は、描写の書き方を示す例としてきわめてよくできている。

このように巧みな描写のある物語を書くにはどうすればよいのだろうか。残念なことに、本教材の解説には先に指摘したような文章表現に関する説明がない。したがって、この教材で創作に取り組んだ中学生は、物語の構想段階まではできたとしても、記述段階で戸惑うことになっただろう。

物語の創作で中心的な活動になる描写などの文章表現に関する記述が欠落しているというのは、創作教材において致命的な問題である。描写などの文章指導は学習者個人の感性や表現のセンスの問題なので、共通的な学習内容としては概括的な説明でよいとするならば、そもそも物語の創作教材を設定する意味はない。これまで「幾度も体験を再現する文章」を書いてきた中学生が、自分の内なる思いを伝えるために文学的表現という別の方法で一つの真実を書き表したいという思いをもっているとするならば、その方法の中心となる内容を示して学ばせるべきである。それによってはじめて、本教材でめざす「自分にとって重要な意味」の発見に近づくことができるようになるだろう。

(2)「表現のしかたを工夫して書こう」(光村、平成二八年、中2)

この教材の説明の冒頭には、次のようにある。

「ある日の自分」の物語を書く

自分が体験した心に残る出来事を基にして、「ある日の自分」の一場面を物語にしてみよう。登場人物の一人となった自分を見つめて、場面の様子や人物の気持ちなどの描写を工夫しよう。物語を書くことで、どんな自分が見えてくるだろうか。

この説明には、題材が自分の体験であること、自分を対象化すること、描写を用いて書くこと、自己理解を深めることなど、本格的な創作教材であることがわかる。

　次に示すのは、物語の作品例の一部と、その解説である。

作品例	解説
律子①は三年生の小川絵里と初めてペアを組むことになった。すらりと背が高く、よく笑う絵里は、部の中で最もテニスがうまく、律子の憧れの存在だ。 「よろしくお願いします。」 　律子はぺこりと頭を下げる。絵里の爽やかな笑顔の向こうに、真っ白な入道雲が見えた②。 　ゲームが始まった。律子は大きく息を吸い込み、慎重にサーブを打つ。だが、ボールはネットにかかる。次こそは……、そう意気込むが、今度はオーバー。緊張しているのかな。先輩と組むなんて、まだ早かったのかもしれない③。しめった重たい空気が体にまとわりついた。 「すみません。」 「ドンマイ、ドンマイ。」 　うつむく律子の肩を、絵里は笑ってポンっとたたいた。 「すみませんはなし。律子は考えすぎだよ。楽な気持ちでやってごらん。」	①登場人物の呼称 ここでは、第三者の視点から書いている。 ②風景の描写 先輩とペアを組めてうれしい気持ちを表している。 ③気持ちそのものを書いた表現 不安な気持ちを表している。

先輩と目が合う。その瞬間、心の中にさっと風が吹き抜けたような気がした。[4] 「はい。」 律子は大きく返事をすると、ぐっとラケットを握り直し、相手コートをまっすぐ見つめた。[5]	④比喩表現 比喩を使って気持ちを表現している。 ⑤行動から気持ちを表す表現 前向きな気持ちに変化した様子を表している。

①〜⑤には、文学的な表現の特徴が本文と対応させながら説明されている。「真っ白い入道雲」がうれしい気持ちを象徴し、心の中を「風が吹き抜け」るという比喩が不安の解消を表しているというが、パターン化した表現であり、主人公の気持ちが表面的に描かれているだけである。確かに先輩と初めてペアを組んで試合に臨むときは不安や緊張があるだろう。それゆえ先輩の励ましの言葉にほっとした気持ちになる、ということもわかる。しかし、その理解は一般的なこととしてイメージされるということであって、この主人公が抱いたであろう固有の内面を思い描き寄り添うということではない。そもそもこの場面には、先輩と後輩という一般的な関係だけが示されていて、実際に二人はどのような先輩・後輩の関係だったのか、律子は先輩のことをどのように見ていたのかが書かれていない。共感的な理解を得るには、比喩を用いて気持ちを表現する前に、まずモデルとした人物（とりわけ自分自身）をとらえなおし対象化する必要がある。この作品例は、「第三者の視点」に立って書かれたものとは言いがたい。

このような作品の見方は、中学生が書く創作に対して高すぎる目標を要求しているかもしれない。しかし、本教材では、創作を通して「どんな自分が見えてくるか」という目標（知らない自分に気づくという高い目標）が設定されている。もし本当にこの目標に到達しようとするのであれば、ある日の出来事をとおして揺り動かされた自分の心の奥底を深く探り下げ、そこにある気持ちの塊をすくい上げ対象化する過程が必要であろう。学習者の内面と、視点や描写、比喩などの文章表現にかかわる内容とを関連づけた説明が求められる。

三　創作教材の具体例（詩歌・脚本・古典などの場合）

詩の創作については、題材をもとにイメージを広げること（発想法）と、様々な表現技法を選んで使うことの二つを内容とする教材が多い。「小さな発見を詩にしよう」（東書、平成二四年、中1）では、「最近体験したことや、身の回りで見かけるものなどで、詩にしてみたいと思うことを短い文にまとめてみよう」とあり、「短い文→下書き→詩」のように発想の手順が示されている。「詩を作ってみよう」（教出、平成二八年、中2）では、連想や想像でイメージを膨らませる方法として、「人に見立てる比喩（擬人法）で題名を決める」「その言葉にじっくり立ち止まって連想や想像を広げ、新しいイメージを作り出す」とあって、具体例をあげて発想の仕方が説明されている。

短歌や俳句の創作については、短歌や俳句の作り方を示すとともに、創作した作品の処理を取り上げている教材がある。「短歌の世界」（三省堂、平成二四年、中2）では、短歌を作った後で「合評会を開こう」とあって、会の進め方が示されている。「俳句」（学図、平成二八年、中3）や、「句会をひらこう」（三省堂、平成二八年、中3）でも、句会の進め方が詳しく示されている。

脚本の創作は少ない。「走れメロス」（教出、平成五年、中1）では、「放送劇を作ろう」という発展教材があり、脚本の作り方と作品例の一部が掲載されている。脚本は、会話が中心の創作なので物語よりも取り組みやすい。小説から脚本へという教材の開発が期待される。

古典については、「和歌の世界」（三省堂、平成一四年、中3）の手引に、「好きな歌を選び、その歌が生まれた背景を想像して簡単な物語を作ろう」とある。「おくのほそ道」（三省堂、平成一四年、中3）でも同様に、「芭蕉の三つの句から、好きな句を選び、「詩」の形で表現してみよう」とある。古典「夏草や　「おくのほそ道」から」（光村、平成一四年、中3）では、「短歌や俳句を入れた紀行文を書く」というものもある。

このように教科書に取り上げられている創作教材の種類は意外に多い。一方で実際の授業場面で創作が取り上げられることは少ないという。創作の学習を活性化させるには、教科書の解説や手引の中で、創作の意義、手順、作品例などを詳細に示すことが重要である。

Ⅲ　文学創作の学習指導（高等学校）

第一章　小説・物語をつくる

佐野　比呂己

一　はじめに

二〇一六（平成二八）年三月に刊行された『ことばの授業づくりハンドブック　中学校・高等学校「書くこと」の学習指導　実践史をふまえて』（田中宏幸編著　溪水社）では、武藤清吾が「物語・小説・脚本を書く」を担当し、中学校・高等学校の創作学習の実践事例を紹介しつつ、考察がなされている。

武藤清吾（二〇一六）では、小説を読んで続きを書く指導、創作文を作成して批評し合う学習指導、日常の生活言語をもとに脚本を作成して演出する指導を取り上げている。

田中宏幸（二〇一六）は、武藤（二〇一六）を取り上げ、小説等の創作学習の現状と課題を次のように述べている。

物語や小説の創作は、中学・高校ではこれまであまり取り組まれることがなかった。しかし、「新しいものを生み出すエネルギー」（創造力）を養うことは、これからも時代に最も強く求められるであろう。指導法の開発が急がれる分野である。（p.254）

創作学習は中学・高校であまり取り組まれることがなく、指導法の開発が急務であることを述べている。

一方で、二〇二二年より順次実施される高等学校学習指導要領では、国語科において新科目「文学国語」（選択科目）が開設される。二〇一六（平成二八）年一二月二一日に中央教育審議会が公表した答申には「文学国語」の内容について、次のように記されている。

選択科目「文学国語」は、小説、随筆、詩歌、脚本等に描かれた人物の心情や情景、表現の仕方等を読み味わい評価するとともに、それらの創作に関わる能力を育成する科目として、主として「思考力・判断力・表現力等」の感性・情緒の側面の力を育成する。

（中央教育審議会（二〇一六）p.128）

「文学国語」において、小説、随筆、詩歌、脚本等の創作に関わる能力を育成するとしている。

本章では、「文学国語」においての実践を念頭に置き、武藤（二〇一六）を踏まえ、小説等の創作学習の実践を紹介しつつ、成果を確認し、授業づくりのヒントやこれからの課題を述べていく。

二　授業実践について

1　〈間〉の構築　――書くことと読むこととの往還――　（荻原伸実践）

（1）単元について

鳥取県の高等学校に勤務する荻原伸の三年生に対する実践である。本単元は、目の前の学習者を取り巻く現状から単元が設定されている。荻原伸（二〇一一）では次のように記されている。

成人期初期（ヤングアダルト）の高校生は自分をどのように生きるのか、他者とどのような〈間〉＝関係を築くのかに多く悩み、傷ついているように見える。（中略）彼／彼女たちの声に表れる脆弱性や悩みや不安のすべてが彼／彼女自身に起因するものばかりではなく、現在の世界が予感させる暴力性や閉塞性や不安定性も大きな影響を及ぼしているだろう。だからこそ、自分と他者、自分と世界などの〈間〉＝関係が編みなおされることが必要になるのではないか。（p.530.）

単元名が示す通り、「書くこと」と「読むこと」の関連指導を行っている。創作活動を通して描写や語りに気づかせ、読みを広げることを目的としている。読みを広げる過程で自分と他者、自分と世界などの〈間〉を考えさせようというものである。

（2）学習指導過程

本単元の学習材は次の2編である。

・辻仁成（一九九五）「青春の鉄則」（『そこにぼくはいた』新潮文庫）
・村上春樹（一九九九）「七番目の男」（『レキシントンの幽霊』文春文庫）

この2編の学習材を活用し、次のような手順で学習指導に取り組んだ。

⑴「青春の鉄則」について、情景描写と会話と登場人物の行動に注目して読む。
⑵「青春の鉄則」について、会話と語りはそのままにし、情景描写と登場人物の行動を別のものへとしなが

らも二人の微妙な関係を描く創作を行う。会話以外の表現を削除し、その会話を活かした新たな物語として創作する。
(3)　できあがった創作文をクラスで共有する。
(4)　「七番目の男」を文章表現に着目し読む。
(5)　学習を終えて感想を書く。

(3)　生徒の感想

学習後の学習者の感想が、荻原（二〇一二）に紹介されている。

内容のことをずっと考えながら読んでいたが気づかないうちに、情景描写にも目がいき、そしてそれが心に響くものを増幅させた。町が以前とは違っていたのに海の景色だけは昔と変わらなかったという場面がすごく鮮明でずっしりきた。回復に向かうところの文章はすべて明るく、暗い部分がない。Kの絵に再会するまでとそれ以前との表現の差異は、最後まで読むと見えてくるというような構成に驚かされた。すべてがつながっている感じがする。（p.531.）

(4)　考　察

「読むこと」の学習のための創作がよく機能している実践である。「青春の鉄則」において会話、語りを固定し創作に取り組み、その中で、描写や語りに気づき、構成の工夫までも意識するに至る。「青春の鉄則」における創作学習が「七番目の男」の学習にもつながる。荻原（二〇一二）は次のように実感したと記している。

「青春の鉄則」の読むこと――書くことの往還によって読むという行為はかなり活性化しており、その読みは「七番目の男」の表現への注目と読みの拡張そして、関係の再構築へと向かっているように感じた。(p.531)

2 「物語の創作」　教育出版『国語表現』教科書（二〇一三）

(1) 単元について

二〇一七（平成二九）年現在、国語科の選択科目「国語表現」の教科書が五社から発行されている。創作学習として、「小説などを書いたり」する単元を設定している教科書に教育出版（二〇一三）がある。「物語の創作」という単元で、教育出版（二〇一三）の冒頭に「ウサギとカメ」「浦島太郎」を想像させるようなさし絵を配し、単元設定の意図と内容が記されている。

人を楽しませる物語を書けるようになると、表現することが楽しくなる。物語は特別な人にしか書けないものではない。太古の昔から私たち人間は、かけ離れた事柄をなんらかの物語によって関連づけ、人生や世界を意味あるものとして把握してきた。このように私たちが身近に行っている物語作りを、ここでは手順をふんで行い、一冊の本にまとめてみよう。(p.114.)

(2) 学習指導過程（6時間扱い）

次の三つのステップを2時間ずつ計6時間扱いで学習指導を行う。教育出版（二〇一三）とその教師用指導書から幸田国広（二〇一四）を摘記し、学習指導過程を示す。

ステップ1　物語作りの基礎レッスン
ステップ2　テーマから物語を紡ぎ出す
ステップ3　作品集作りと合評会

①ステップ1　物語作りの基礎レッスン

(1) 断片どうしをつなぎ合わせることで物語が生まれることを知る。
(2) イラストカード（下図例示）を使って、６００字程度の物語を作る。
ⅰ　一人に4枚ずつのカード（大きめのポストイットなどを使うとよい）を配り、思いついたキャラクターやアイテムを書く。
ⅱ　それらを並べ替えて、どんなストーリーができるか考える。その中から任意の1枚を選ぶ。
ⅲ　選んだ1枚を交換する。その時の4枚のカードを並べ替えて、実際に物語を作る。全く想定していなかった異質の存在としてのカードを組み合わせることで意外な物語を作ることができる。物語がおもしろくなるには、話の筋に起伏が必要になる。「発端・展開・クライマックス・結末」を考えながらカードを動かす。特に、クライマックスと結末のつながりを工夫する。
(3) グループで相互評価を行う。
(4) 各グループの代表1作品を口頭発表し、教室全体で感想を述べ合う。

（イラスト・山本峰規子）

②ステップ2　テーマから物語を紡ぎ出す

(1)　テーマ性を意識した物語を発想する仕方について知る。

i　テーマから発想する

　前ステップでは、具体的なキャラクターやアイテムから物語をつくった。ここでは逆に、最も書きたいこと＝テーマから発想する。物語の世界を一言で意味づける抽象語を下の語群から一つ選び、その言葉の意味を具体化する物語を考える。

ii　言葉には物語が隠れている

　抽象的な言葉だからこそ、そこから発想されるイメージは個別的で具体的である。

iii　ピラミッドワークの活用

　メインテーマに定めた抽象語を起点にそこから徐々に具体化していくのがピラミッドワークだ。サブテーマは物語の展開やエピソードのレベルで設定し、さらにその展開やエピソードをどのようなキャラクターやアイテムによって動かしていくのか考える。

　個別の人物の言動やエピソードの展開がメインテーマにどのようにつながっていくのかを逆に考える。上から下へ、下から上へ、交互に思考と想像をはたらかせる。

〈語群〉

生命	信頼	秩序	勇気
愛憎	孤独	調和	寛容
解放	俗悪	平凡	幸福
絶望	協力	憎悪	忘却
和解	成長	普遍	他者
貞節	伝統	創造	幻想
性愛	平和	発見	怨念
闘争	消滅	混沌	共生
崇高	意志	破壊	真理
理想	公正	慈愛	喪失
苦悩	再生	葛藤	

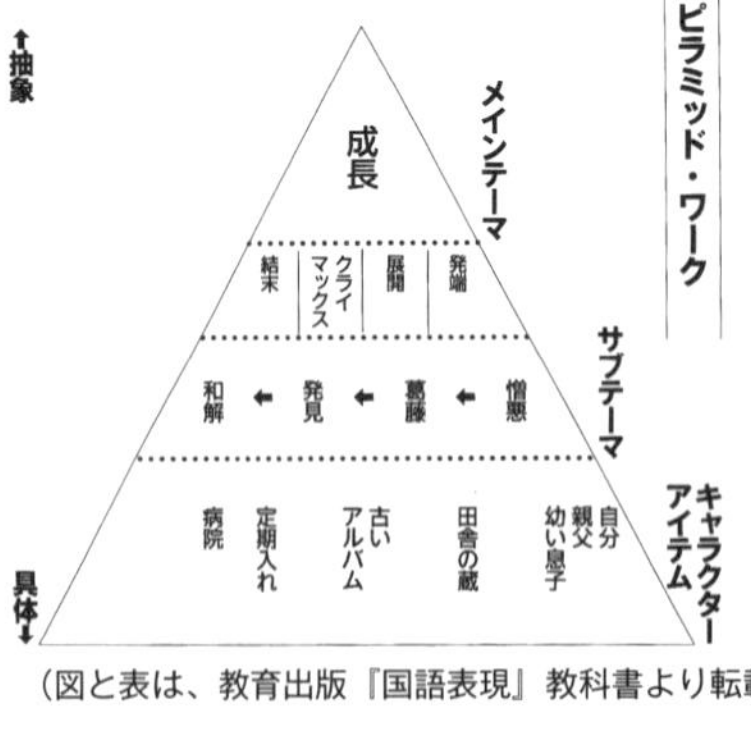

ピラミッド・ワーク

↑抽象

メインテーマ
成長

発端　展開　クライマックス　結末

サブテーマ
憎悪　←　葛藤　←　発見　←　和解

キャラクター
アイテム
自分　親父　幼い息子　田舎の蔵　古いアルバム　定期入れ　病院

具体↓

（図と表は、教育出版『国語表現』教科書より転載）

(2) ピラミッド・ワークを使って、1千字程度で物語を作る。
(3) グループで相互評価を行う。
(4) 各グループの代表1作品を口頭発表し、教室全体で感想を述べ合う。

③ステップ3　作品集作りと合評会

(1) 作品集の編集・制作の工程を知る。
(2) 役割分担を決め、編集会議を行う。
(3) 印刷・製本を行う。
(4) 作品集を読み合い、相互評価を行う。
(5) 小川洋子「物語の役割」（教育出版、二〇一三年、p.174）を読み、物語を生み出すことの意義について考える。

(3) 考　察

幸田（二〇一四）によれば、単元「物語の創作」は、大塚英志（二〇〇〇）からヒント・着想を得て、幸田自身が高等学校および大学一般教養課程での実践を経て教材化したものである。

幸田（二〇一四）は大塚（二〇〇〇）を「一〇年以上たった今もその輝きは褪せない。むしろ、この一〇年、類書はいろいろ出ているが、いずれも大塚氏の提示した具体性と新鮮さには及ばない。」（p.286）と高く評価し、「書くこと」における創作学習の意味を次のように述べている。

「小説を書く力はどこからどこまでが凡人には真似できないもので、どこまでならば凡人にも真似できたり

> 学習できてしまうものなのでしょうか」という問題意識から、小説を書くための学習過程をマニュアル化してみせた。大塚氏は、先述の内田伸子氏の実験と研究[1]をふまえて、想像力のはたらきを活性化させるレッスンを提示する。それをヒントに、本章ステップ1、ステップ2を考案した。
>
> 　大塚氏のレッスンが興味深いのは、何より小説は誰でも書けるもの、トレーニング＝学習可能なものと位置づけたことにある。『物語の体操』という書名が示すとおり、「上手下手はともかく大抵の人々がきちんと基礎的なトレーニングを行えばそれなりに水泳やサッカーやゴルフをこなせるように、小説もまたそれなりにかけるようになるはず」という考え方に基づいている。
>
> 　このように、特別な才能をもつ者だけの特権でも秘儀でもなく、練習しだいで誰でも書けるようになるというスタンスは、国語教育における文章表現指導のあり方を考えるとき、きわめて重要である。（p.286）

教育出版（二〇一三）は、イラストカードや抽象語を用い、学習者の想像力を生かしながら、創作に取り組ませるというものである。学習者にとっては楽しく取り組めるものとなっている。学習者の興味、関心を喚起するものであることはいうまでもない。

一方で、この学習は、より高次なものとするには前提が必要となるであろう。表現技術、語彙力といったものがここに反映されることになる。創作学習だけに特化するのではなく、日常の国語教室の中でこれらを育成することものぞまれるであろう。

尚、本単元のステップ1については、NHK高校講座「国語表現」第35回「物語を紡ぎだす」で動画として配信されている[2]。幸田自身が監修し、動画の中で指導も行っている。本単元の活用の参考になるだろう。

加えて、教育出版（二〇一三）は二〇一八（平成三〇）年に改訂される。単元「物語の創作」は「物語を作る[3]」

としてリニューアルされる。教育出版（二〇一三）や改訂版をもとにした豊かな実践研究がなされることを期待する。

また、大塚（二〇〇〇）には、カードや方程式を使ったプロットや登場人物のつくり方などの、具体的な小説練習法が公開されている。創作学習指導の授業開発の参考となるであろう。

3　北海道の先住民族であるアイヌ民族の文化をもとにした創作活動（戸川貴之実践）

(1)　単元について

これまでアイヌ民族の文化を扱った国語科教材は数少なく、国語科においてそれを対象とした実践もほとんど目にしない。北海道に住む学習者にとって、アイヌ民族の文化はその存在については知っているものの、その中身について問われると答えられる学習者は少ない。このことは学習者に限らず、教員も同様である。

戸川貴之（二〇一八）は、帯広北高等学校において国語科の授業でアイヌ民族の言語文化を扱い、創作活動を通してアイヌ民族の文化に対する理解を深める実践に取り組んだ。

(2)　学習指導過程（4時間扱い）

本実践は、戸川が担当する第1学年、第3学年において行った。

4時間扱いとしているが、文章自体が完成しない者も多く、長期休業中の宿題として取り組ませている。

①創作活動の目的、方法、授業の流れ、アイヌ民族に関する資料の説明（第1時）

戸川（二〇一八）は学習者のアイヌ民族に関する理解の弱さを指摘する。義務教育段階での学習について問うてみたが反応が鈍く、「アイヌ」という名を知っているのみという学習者が大半を占めた。

当初、アイヌ民族の物語の焼き直しを検討したが、適切な物語を見つけることができず、アイヌ民族の文化についての資料といくつかの地元・十勝に関連する物語の提示を行い、それをもとにした創作学習とした。戸川は、まずはアイヌ民族が北海道の先住民族であるという認識を持たせることに力点を置いた。

②アイヌ民族の文化について学ぶ（第2—3時）

北海道（二〇〇五）の抜粋を学習者に提示したが、理解させる状態にまでは至らなかった。結局、アイヌ民族の手による民族文化紹介映像(4)を見せることで、イメージを膨らませることにした。北海道（二〇〇五）よりも、文化のありよう、特に、昔話を語る場面は、「アイヌ民族の家で、フチ（おばあちゃん）が子や孫たちに語っているように書かせたい。」というねらいを伝えるのに効果的であった。

③創作活動（第4時）

ユーカラはアイヌ民族の口承文芸である。「アイヌ民族の家で、フチ（老媼、祖母）が子や孫たちに語っている」ことをイメージさせ、創作に取り組むよう相手意識を持たせている。ユーカラの特徴を考慮して、他にも次の点に留意させている。

① 直喩もしくは隠喩を必ず一度は用いる
② 登場人物名、地名はアイヌ語で設定すること
③ 物語に一つ以上の隠れた意味（教訓など）を含ませる
④ 起承転結を意識して、小説の設計図をつくらせる

(3) 考　察

実際の学習者の作品を提示し、本実践について考察する。


　一羽の梟が止まった。チパ・シリに住むコタンの中に母イパンローとロセトという大変美しい娘が仲良く暮らしていた。数多くの男がこの娘を嫁にと望んでいた。その中にノッカとシマカという優れた若者がいた。二人は娘をめぐって競争をしていた。その日も、獲物の数を競ったが、毎回不思議にも数が同じで決着がつかず、多くのものは面白いのでこの勝負が長く続いて欲しいと思っていた。しかし、長老であり、預言者のイヨイタクシーは違った。シマフクロウの鳴き声が聞こえたので、コタンにとって悪いことが起きると予感した。

　その年、毎日器をひっくり返したような雨が降ったので、漁が行われなかった。ある日の昼過ぎ、コタン中が大騒ぎになった。沖の方に白くて大きな魚が泳いでいた。人々はそれを見つけて、あることを言った。

「あれは神の魚だ。あれを獲ったものこそ、コタン一の勇者だ」

　ついつい興奮したのかなんなのか、そうと言いふらす者がいた。

「イカシ様、大変です！　ノッカとシマカがあの白い魚を取ると言って海へ行きました。」

　イカシは急いで海辺に行った。するとこの地を飲み込まんとする大津波が二つの船を飲み込んだ。「コタンは全滅だ」と一同は蒼くなった。「静まれ、静まれ、この上はカムイ様のお力じゃ。祈るより他に道はない」といい、祈った。イカシの必死な祈りが通じてか雨も大波も静まった。一同が安堵したつかの間、慌ただしく「大変です！　娘が、娘がどこにもいないんです」とイパンローが転がり込んできた。手分けして探したがどこにもいない。

「そうか。ロセトよ。そなたは我らのために自ら海へ……」

　イカシは大空を舞う「イパ・シリ」と鳴く白い鳥を見ながら切なげに呟いた。

　ああ、懐かしい。梟は飛び去ってしまった。

まず、この学習指導の起点は、北海道の先住民族であるアイヌの人々の文化に対する戸川自身の尊敬・畏敬の念にある。戸川の認識が学習者に与えた影響は非常に大きいものがある。指導者自身の認識がこの実践をうんだといってもいいだろう。

現代社会においては、異なる文化を相互に理解し、多様性を保持しつつ共生する社会をつくりあげていくことが重要視されている。戸川（二〇一八）は、アイヌ民族の文化を理解し、創作活動に取り組ませ、さらに認識を深めるという実践であった。

たとえば、右記の「学習者の作品」では、隠れた意味として「欲望のままに動けば、痛い目に合う。それによって払われる犠牲でよく考えるべきだ。」が含意されている。作品の根底にはアイヌ民族の独特な世界観がある。随所にアイヌ語の名前や「コタン」などのアイヌ語特有の語も用いられている。アイヌ民族の神である梟が独特の雰囲気を醸し出し、飛び去った後に余韻を残す。郷土の遠い昔を想像し、創作を通してその想像世界を鮮明に浮かび上がらせている。学習者は確実にアイヌ民族の文化に浸っていることがうかがえる。アイヌ文化との出会いが豊かな創作をうんだといっても過言ではないだろう。

三　授業づくりのヒントやこれからの課題

「読むこと」の学習のための創作学習、想像力を活性化させ創作に取り組ませる実践、創作を通して文化そのものを実感させる取り組みの三例を取り上げ、検討・考察を加えてきた。いずれも優れた実践であり、これらをもとに目の前の学習者の現状に合わせ、それぞれの国語教室において豊かな実践が営まれていくことを期待したい。

この三例とともに、参照したい文献に府川源一郎他（二〇〇四）がある。

もともと文章の創作の歴史は、それまでの作品の「書き換え」の歴史といってもいいほどだ。時代の要請にしたがって、また時代の風潮に抗って、ある文章作品が書かれる。それをさらに包摂し、発展させる形で、あるいはそれを否定し、別のジャンルや題材を創り出す形で、新しい形式を持った作品が生まれる。（中略）しかし、本来「純粋な創作」という行為自体も、広い意味でいえば、過去の作品群に対する「書き換え」である。まったくの無から文章は生まれては来ない。「創作」という概念も、書き手が意識しているかどうかは別にして、それまでに読んだ文章から何らかの影響を受けている。その意味で、「書き換え」という文章作成の営みは、すぐれて創造的で個性的な文章作成作業だということもできるだろう。文章を書き換える手つき、発想、文体のなかにこそ、書き手である「私」の顔が表れるのだ。（p.133）

府川他（二〇〇四）は「書き換え」の視座から様々な角度からの実践が紹介されており、これらをもとに創作学習に関する単元を構想することも有効である。

「対話的な学び」の視座からいえば、「共同創作」の可能性にも注目したい。中西淳（二〇〇一）は「新しいものを作り出すことの喜びは、他者と協同することによって味わわせることもできる。」（p.214）とし、次のように述べている。

数人が相談しながらひとつの作品を作る（共作）、ひとつの主題、あるいは一連の主題のもとに数人が作品を書き、それを集めひとつの作品とする（合作）、ひとつの主題のもとに数人が分担してリレー式でひとつの作品を作る（連作）などである。

例えば、「J―POP」の歌詞を題材に考えてみよう。歌詞自体を分析、解釈し、空所を想像し、物語を創作する取り組みに挑戦させる。一つの歌詞をグループで相談し一つの作品をつくりあげる「共作」の取り組み、歌詞を連ごとに創作を分担しつなぎ合わせる「合作」の取り組み、リレー方式で物語をつないでいく「連作」の取り組み、個別に創作しそれぞれの解釈の違いを楽しむ取り組みなど、学習のヴァリエーションも豊富である。

注

（1）「内田伸子氏の実践と研究」について、内田（一九九四）を示す。
　最初は、明らかに子どもがよく知っているある物語を思い出させるようなことばを示してみせる。次に、これらの語群の中に新しい異質のことば――子どもがなじんでいるお話の一連の出来事からみて思いがけない要素――を入れてみる。ところが、子どもはこのような異質なことばを混ぜ込んでお話をつくるように言われても、少しも戸惑わないのである。この異質なことばを子どもがどのように料理するかを見てみると、想像による複合を自由自在に、しかも巧みにやってのけてしまうものであることがわかる。（pp.57-58）

（2）URL.http://www.nhk.or.jp/kokokoza/tv/kokuhyou/archive/chapter035.htm（二〇一七年九月二十日閲覧）

（3）単元「物語を作る」は次のように構成されている。
　ステップ①　二次創作を楽しむ　／ステップ②　絵から物語を作る　／ステップ③　テーマから物語をつくる
　●文章サンプル集　（「物語」を考え続ける（鴻上尚史）、創作の経路（星新一））

（4）hokkaido「アイヌモシリ～アイヌ民族の誇り～」北海道庁インターネット放送局〝Hokkai·Do·画〟（二〇一二年十一月）
URL：https://www.youtube.com/watch?v=4ZgCa4Vnj8s（二〇一七年九月二十日閲覧）

参考文献

内田伸子『想像力　創造の泉をさぐる』講談社　一九九四年九月
大塚英志『物語の体操』朝日新聞社　二〇〇〇年十二月

小川洋子『物語の役割』筑摩書房　二〇〇七年十二月
荻原伸「ヤングアダルト、歴史・時代小説、推理小説」日本国語教育学会編『国語教育総合事典』朝倉書店　二〇一一年十二月
教育出版『国語表現』教育出版　二〇一三年三月
幸田国広「物語の創作」『国語表現　教授資料』教育出版　二〇一四年三月
田中宏幸「これからの表現指導（展望）」『ことばの授業づくりハンドブック　中学校・高等学校「書くこと」の学習指導　実践史をふまえて』溪水社　二〇一六年三月
中央教育審議会「幼稚園、小学校、中学校、高等学校及び特別支援学校の学習指導要領等の改善及び必要な方策等について（答申）」文部科学省　二〇一六年十二月
戸川貴之「北海道の先住民族であるアイヌ民族の文化を元にした創作活動について」『国語論集15』北海道教育大学釧路校国語科教育研究室　二〇一八年三月
中西淳「創作」『国語科重要用語300の基礎知識』明治図書　二〇〇一年五月
府川源一郎・高木まさき・長編の会『認識力を育てる「書き換え」学習　中学校・高校編』明治図書　二〇〇四年八月
北海道『アイヌ民族を理解するために』北海道環境生活部総務課アイヌ施策推進グループ　二〇〇五年
武藤清吾「物語・小説・脚本を書く」『ことばの授業づくりハンドブック　中学校・高等学校「書くこと」の学習指導　実践史をふまえて』溪水社　二〇一六年三月

第二章　劇・脚本を創る

浅田　孝紀

一　授業実践上の課題

1　劇・脚本の創作をめぐる現状と魅力

昭和五三年度版学習指導要領で「国語Ⅰ」が登場する以前は高校の教科書でも、必ずと言って良いほど戯曲が掲載されていた。ただし、小説や詩歌等と同様の文学教材としてである。だが、同学習指導要領で「理解」「表現」「言語事項」の三領域一事項になり、教科書に「表現」のためのページ数を割かねばならなくなった結果、それまでも大学入試等ではほぼ不要な分野であった戯曲は、駆逐されてしまう結果になった。そしてこれ以前の実践報告や提案は、ほとんど戯曲を読むことの指導に関するものであるため、本稿では検討の対象外とする。

さて、平成二一年版高等学校学習指導要領の「国語」では、「国語総合」の「2　内容」の「C　読むこと」の（2）のアに、「文章を読んで脚本にしたり（中略筆者）すること。」という言語活動例がある。ここに「脚本」の語があるのは、実に三一年ぶりの演劇関係の語の復活である。それ以前は「劇」や「戯曲」の語が必ず存在していたが、昭和五三年版からは消滅し、高校の国語の授業で演劇や戯曲が扱われることはまれになっていた。それが言語活動例としてだけでも復活したのは、画期的なことで喜ばしい。

　ただしこれは、「読むこと」の言語活動例の一つである。「書くこと」の言語活動例には「詩歌」や「随筆」が挙げられているが、「物語」（小説）や「脚本」（戯曲）は挙げられていない。「詩歌」「随筆」「物語」は文学作品としてのジャンル名でもあるが、「脚本」はジャンル名（戯曲）でも上演用の現物（台本）でもなく、台詞とト書きによって構成された文種名に過ぎない。すなわち、これらを「書くこと」は、学習指導要領において排除されてはいないものの、例示されない以上、あまり意識されていないと言える。

　実際、脚本を書くこと自体を単元の中心に据えた実践は極めてまれであり、既に本書のシリーズで武藤清吾によって紹介された梶川誠の実践はその代表的なものとして注目されるが、[1]これも梶川の勤務校では「国語科」に属する学校設定科目「ドラマ」の中での実践であり、一般的な国語科の科目の中で実践されたものではない。学校設定教科「演劇」を設けている学校や、教科への位置づけなしに学校設定科目「ドラマ」や「演劇」を設けている学校もあり、その多くは演劇経験者やプロの演劇実演家を講師として招聘して授業を行っている。[2]すなわち、一般の国語科教員が通常の国語科の科目の中で演劇関係の授業を行い、かつ創作までさせることは滅多にない。これは、大学の国語科の教職課程で学生が戯曲の授業を必修とされることはまずないという現在の教員養成制度のもとでは、ごく自然のなりゆきである。大学の文学部・教育学部では、日本語日本文学と演劇等を研究する学科・専攻は別になっていることが多く、かつ戯曲は上演されることを前提として書かれた作品であるため、言葉以外の要素を考えざるを得ない。それゆえ、学習指導要領でも現場の教育課程でも、このような扱いになるのは当然である。むしろ、「読むこと」等の発展学習などになるのが普通であろう。

　ところが、実際にはこれすらもほとんど行われていないようである。たとえば、第一学習社の平成二五年版『高等学校新訂国語総合現代文編』では、「羅生門」の直後に「言語活動」として「脚本を書く」というコラムが設けられていたが、現在は既に消えている。教科書も商品である以上、出版社としては需要の少ないものは他の内容に差し替えざるを得ない。教員は自分の経験や生徒の進路指導に無関係な分野を敬遠するからである。

しかし、国語科の中で「脚本を書く」ことは、多分に魅力のある実践につながる可能性が高い。その魅力を三点挙げておこう。まず一つは、舞台や映像を想定してある場面を想像しながら作る中で、教材文の読みを深めたり、コンテクストに応じた発話を意識するのに有効であること。第二は、上演や朗読等の発表の場を設けてそこを目標に創作することで、生徒の活動を活性化しやすいこと。第三は、馴染みの薄い文種であるためグループ活動で集団創作を行うことが多くなり、その過程でコミュニケーション能力の育成が期待されることである。

平成三〇年版高等学校学習指導要領における新科目「文学国語」では、この活動が取り入れられる機会が増えるはずである。そのためには、こうした魅力を教師たち自身がよく認識しておく必要があろう。

2　史的検討——西尾実の言説を軸に

実践の紹介に移る前に、西尾実による脚本の創作指導に関する見解を示しておきたい。

西尾は、一九五一（昭和二六）年の『国語教育の問題点』において、近世の国学者が古代・中世の文学を理解するために自らも創作を行っていた点に触れ、鑑賞指導においては「一般人の教育においても、創作学習をしなくてはならない」と指摘し、小・中学生に関しては指導者が「学習者の言語生活の中に発見される創作的な働きの芽ばえを見のがさずに記録する」ことが必要であるが、その場合は「そういう才能が育ってきた個人を加えつつ（中略）クラブ活動として創作させ、批評し合」うことが適当であるとする。そしてこれは「あくまで、その文学クラブを読者社会とした創作・評論であることが必要」だとしているが、同時に「一般公衆を相手とした公話的表現の創作が必然的なものとしてとりあげられるのは、一般的にいうと、高等学校から大学にかけての段階であります。」とも述べる。[3]

その翌年の『書くことの教育』では、創作を「日常一般の文章とは、その選を異にするもの」であるとしつつも、その意義を二面から認めて、一つは「詩人・作家の発掘に機会を与えること」、もう一つは「それが、書くことにおける発達の極致をなすものである関係上、日常一般の文章を書く能力を伸ばすためにも、ひとつの有力な契機たらしめるためであることはいうまでもない。」としている。そして劇に関しては、その発生論から始めて史的展開を概観しながら、「新しい世代を育成すべき教育なるものの任務があると思う。」と述べ、「『すること』と『いうこと』の、時と、処とが、明らかに書かれなくてはならぬ。」とする。つまり台詞と所作の双方が自覚的・表現的な行為として創造されなくてはならないものだと述べる。しかし西尾自身は、「個人の発達における劇的なもの」も、「行動中心の未分化形態として発達する」という観察を行っており、ゆえに「劇形態における書くことの教育」は、この発生段階を認めながらもその位置を与えるために、「まず、『いうこと』を、ついで、『すること』を」、さらにそのための「『時』と『処』をも書く」という計画と順序を重視する。そうでなければ、単なる既成作品の「真似ごとに陥って」、作り手の心から言葉・行動の未分化な状態で湧き上がってくる本来的な意味での劇は作れないとする。そしてこれは排除しつつも、国語教育における「書くこと」の指導としては、「いうこと」すなわち台詞を優先し、次いで所作、さらにその場面となる「時」「処」を書くような指導を提唱する。[4]

そして同年の『ことばの生活』では、劇の「演出と鑑賞はもとより、その脚本を書き、すでにある文章や文学作品を脚色する技術を身につけておくことは、人生の体験をゆたかにし、人との、または大衆との通じあいを自由にし、有力にするうえには、欠くことのできない教養になると思われます。」と明言している。[5]

西尾の言説を通覧すると、一般の国語教室で全員が創作を行うべきだという明確な主張は見られない。しかし、その鑑賞指導に活かしうるとか、書く力を伸ばす契機たりうるという意義を認め、さらに既成の劇の真似事ではなく「いうこと」を直截に表現するために台詞を優先し、所作・時・処をこれに次ぐものと意識させ、さらに脚本を書く技術を「欠くことのできない教養」としている点で、相当に重視していることがわかる。そして、ここで注目すべきは、「人との、または大衆との通じあいを自由にし、有力にするうえ」で不可欠な教養としている点である。すなわち、脚本を書く技術を、コミュニケーション能力の向上のために必要だと考えていたわけである。

ところで、よく知られているように、西尾は昭和二六年版学習指導要領の中学校・高等学校編の編纂委員長であった。その学習指導要領の高等学校編には、「(四)　話すこと、聞くことの学習指導における映画および演劇の学習指導の意義」と題した以下の一項が設けられている。全文を引用する。

シナリオ・戯曲を読んだり、書いたりすることは、生きた話しことばそのものを読んだり、書いたりする意味で、話しことばに関する理解を深める上に役だつことは言うまでもない。劇や映画の鑑賞は、一つには話しことばの美しさ・力強さ、その微妙な幅や深さを聞き取ることである。すぐれた演技になれば、せりふ・しぐさが一つにとけあって、奥深い精神生活の種々相をいきいきと伝える。劇や映画をほんとうに鑑賞させる、話しことばのすぐれた聞き方が、実際生活にどのくらい役だち、またその生活内容をどのくらい深くするかわからない。

劇を実演する場合には、自分のことばになりきったものを、最も効果的に語らなければならない。真実を語っているつもりのせりふが、必ずしも真実を語ることばとして受け取ってもらえない。ここに演技の必要が生れてくるのであって、ことばをよりよく効果的にする技術が、必要と興味をもって学習される。

劇の製作過程のすべては、話しことばを手段とした社会生活そのものである。協同・責任・秩序の無いところに演劇はなりたたない。

劇の実演は、話しことばを深く反省する点と、言語生活の生きた縮図である点とで、話しことばの学習の上に、一つの高い意義を持つのである。

ここでは話しことばの学習に特化されているが、冒頭に「シナリオ・戯曲を読んだり、書いたりすることは」とあることは見逃せない。脚本を書くことが学習に意義あるものとされているのである。さらにその実演や製作過程でのコミュニケーションの意義にも言及されている。おそらくは西尾の主張が相当程度反映されたものであろう。しかし、これ以降の学習指導要領は現在の法令としての条文形式になっていき、演劇関係の用語も「戯曲」の語が入る程度で、長らく「読むこと」の教材の一種となっていった。この昭和二六年版学習指導要領は戦後の占領期に作られたため、アメリカの教育思想が多分に影響していることは斟酌するにしても、話し言葉教育やコミュニケーション教育に資するために演劇・脚本を用いる実践や研究が増えてきた現在の状況に通じるものがある。しかし、前述の教員養成の制度上の問題があり、また、演劇をめぐる日本での特殊事情もあって[6]、今日に至るまで一般には定着していないのが現状であろう。だがその中で、「ドラマ教育」や「演劇的手法」は教科・校種を問わず確実に実践・研究が増えてきているので、高等学校国語科でも、今後は注目度が上がっていくと考えられる。

3　紹介・検討の範囲について

与えられた課題は「高等学校における劇・脚本の創作」であるので、検討対象もその範囲に限定する。ただし「劇・脚本の創作」には、いわゆる「劇化」や「対話劇作り」等を含めると、実は小・中学校にこそ多い。しかし高校では事例は極めて少なくなるので、筆者自身の実践も簡単に紹介させていただくこととする。

1　青木幸子「ラジオドラマ制作による表現教育マネジメント研究――命をめぐる声のプロジェクト」[7]

（1）学習目標

この実践は、青木が山口県立山口農業高等学校で、「国語表現」の授業の中で継続的に行っていたものと思われる。この冒頭で青木は、「表現教育〈声のプロジェクト〉の実践は、生徒が身近な経験をラジオドラマ化するという協同的活動を通して、自己変容と自尊感情の育成を目指したものである。」と述べている。青木の言によれば「山口県屈指の教育困難校であった」山口農業高校で、「自己の内面を言語化できず」にいる生徒たちが、自分の言葉で自己の経験を語ることを通して、「自己に誇りを持ち、他者とともに生きる喜びを基盤にした自尊感情を形成する」方法を模索して立ち上げたプロジェクトだったと述べている。そして青木は「筆者が国語表現の授業で目指したものは、作品そのものではない。作品制作の過程で、生徒が現実を見つめ直し、自己の経験に意味を与え、新たな自己をそして他者を発見する中で、生徒が誇りと自信を回復することを目指したのである。」と、補足している。

（2）学習指導計画

特定の学習指導計画は書かれていない。ただ、そもそもの始まりは、「国語表現」の授業の中で「忘れられないこと」をテーマにした時に、農業のことを知らない青木に対し生徒がブタの世界を教えようと、二人の生徒が「ブタのいじめ」の即興劇を演じたこと、また、青木が前任校で作っていたラジオドラマを聴いていた生徒がクラスにいて、自分たちもラジオドラマを作りたいと申し出たことから始まったと紹介している。

（3）指導上の工夫

本節は、①「書く場」、②「書く内容」の発見・拡充、③「書き方」の習得・活用、④「推敲・交流・評価・処理」

の工夫、⑤生徒作品例、の五項目に分類して解説を加えるべきところであるが、青木の実践報告ではそれらが渾然一体となっているため、分類はせず、書かれている順序通りに「ラジオドラマ制作の方法」を摘記していこう。

Ⅰ〈ラジオドラマの脚本制作〉　青木は、以下の順序でラジオドラマを作らせている。

①モチーフ……高校生の生活体験の中での気づき・発想をモチーフとする。

②素材とテーマ……家族・授業・友人・動植物・故郷の風景・方言などの、日常生活で出会う多くのもの。これを受けて、「家族とは？」「命の大切さとは？」といったわかりやすく簡潔なテーマを考える。

③登場人物……特に青木による説明はない。通常の意味であると思われる。

④ストーリー・プロット……青木は、ストーリー「筋」、プロットは「脚本制作の段取り」と述べているが、これを言い換えれば前者は話の粗筋のことで、後者は制作する複数の場面とその順序のことである。

⑤せりふ……生徒の日常会話である山口弁を使ってリアリティーのあるセリフを練っていく。

⑥構成……生活経験に基づく日常会話によるものなので、ドキュメント仕立てのものが多いが、架空実況中継スタイルや、講義スタイル、座談会スタイル、声を紡いだコラージュスタイルなども用いた。

Ⅱ〈効果音やＢＧＭ〉　「言葉」に加え、効果音やＢＧＭを入れて聞き手の理解を促すこともあった。

Ⅲ〈録音・編集〉　機材や技術の不足を補ってくれる教員や生徒の共同作業によって作品を完成させる。

Ⅳ〈上演〉　全校生徒・保護者・地域の人々に聴いてもらう。

「推敲・交流・評価・処理」の工夫に関して特筆すべきことがある。青木は、ラジオドラマの制作に関わった生徒たちやドラマの聞き手として関わった生徒へのインタビューをもとに、ドラマ制作が生徒たちに及ぼした効果・

影響を、生徒の変容に焦点化して分析し、さらに卒業後数年を経た生徒からライフストーリーを聞くことで、このドラマ制作がその後の人生に及ぼした意味を分析している。そしてこの実践が①発想力（気づくこと）、②構築力、③表現力、④共感力、という四つの力を高めることが検証されたと指摘している。そして、その後の「国語表現」の授業の中では、これら四つの能力を向上させていくことを青木なりの「メソッド」として敷衍化して実践を続けたことが記されている。たとえば「表現力を磨く」際に、「みすゞとぼくらと」という題で、金子みすゞの詩の中からお気に入りの作品を紹介するいう脚本制作では、次のような生徒作品（抜粋）が作られた。

SE[8]　（波の音）
　　海の魚はかわいそう　お米は人につくられる　牛は牧場で飼われてる　鯉はお池で麩をもらう
　　けれども海のお魚は　なんにも世話にならないし　いたずら一つしないのにこうして私に食べられる
　　ほんとに魚はかわいそう
姫野　農高に入って始めてニワトリのヒナを手にしたとき、私は小さくてふわふわなヒヨコが可愛くて、名前を付け、一生懸命育てました。大きくなり、卵を産むようになると、うれしくて、その卵をなでまわしたりしました。やがて、恐ろしい日が、前から聞いていましたが、ニワトリの解体をする日がきたのです。私は泣きそうになりながら可愛がっていたニワトリの首に包丁をちかづけた、その時です。ニワトリは自分で眼を閉じたんです。さばいたニワトリを焼いて食べる時、私は涙ぐみながらも、心の底から「いただきます」と手を合わせました。

2　小崎早苗「生徒が学びを楽しむ古典の授業づくり――脚本化と実演の学習活動を通して――」[9]

（1）学習目標

本実践は、愛知県総合教育センターに勤務する小崎と、愛知県立日新西高等学校教諭の小林恭子、松浦由佳との共同授業研究の一環でなされた。相変わらずの教師主導・知識注入型の授業が多くの生徒を古典嫌いにしているという現状を改善するために、高校二・三年生の古典の授業に脚本化と実演を複数回入れて実施することにより、生徒に「活動的な学び」「協同的な学び」「探究し表現する学び」を行わせ、これを通して古典を読む楽しさを伝えたいとの思いで行った実践である。ここでは現行の学習指導要領の科目「古典Ｂ」において求められる目標と、上記のような学びの実現が目標である。もちろん、複数回実施された個々の実践にも個別の学習目標がある。

(2) 学習指導計画

二〇一四年六月〜二〇一五年一月の、二人の教諭のうち小林教諭の授業計画は次の通りである。

①「古今の草子を」（枕草子）　…全六時間・六月
②「荊軻」（史記）　…全六時間・十月
③「うつろひたる菊」（蜻蛉日記）　…全三時間・十二月

この実践報告では小林による①と③の実践が報告されている。受験にも臨む三年生対象で、かつ③は年間の三回目になり、かなり慣れていて迅速に進められた様子が記されている。本稿では次節において、①「古今の草子を」に絞って紹介し、初めて生徒がこの学習に向かったときの様子を記しておきたい。

(3)　指導上の工夫

青木実践同様、五項目に分けて記述することが難しい実践報告なので、小崎の記述をそのまま引用する。

〈授業の概要〉

学　　級　三年六組（三五名）
目　　標　人間、社会などに対する思想や感情をとらえ、ものの見方、感じ方、考え方を豊かにする。
言語活動　古典に表れた人間の生き方や考え方などについて話し合い、脚本を作って演ずること。
教　　材　「古今の草子を」〈「古典」（第一学習社）〉
評価規準　作品の書かれた時代背景や環境を踏まえて読み、作者のものの見方や感じ方、考え方を捉えている。
単元計画　第一次（三時間）音読、語彙・文法事項・現代語訳の確認をする。
　第二次（一時間）本文を基に、四～五人一班で脚本を作る。
　第三次（二時間）グループごとに実演をし、気付いたことをワークシートに記す。最後に作品の感想をまとめる。

これに関する生徒の様子については、筆者が簡潔にまとめて紹介したい。
第一次は文法と現代語訳中心の授業だが、脚本にして演ずることを伝えた上で、ワークシートで必要な訳を書き込むだけにする等の時間短縮を図り、生徒も集中して取り組んだ。
第二次では、登場人物を指定した上で本文を根拠にしてセリフやト書きを作るよう指導し、何度もプリントを読む様子が見られた。活動に参加しない生徒はいなかった。

第三次では、班ごとの発表を皆が楽しんだ。生徒は心情や場面の緊張感を工夫して伝えていた。

残念ながらこの実践報告では①も③も生徒の創作した脚本の作品例が出ていないのであるが、「生徒たちは驚くほど意欲的に学習に取り組んだ。」とのことで、生徒の事後の感想文を紹介し、「生徒たちが、演ずることを通して作中人物への考察を深めた様子や、脚本化により読みが深まることに気付いた様子を把握することができた。」と述べている。また、一連の実践を振り返って、①古典の脚本化・実演という活動が、古典を読む能力と古典への関心・意欲を高めるのに有効。②一つの活動を継続する中で、生徒は短時間で授業のねらいを達成するようになる。という二つの利点を挙げている。一方「課題」として、①活動後に作品内容についての解釈や批評を記させて生徒の読みの深まりを評価したが、この評価方法の妥当性には検討の余地がある。②文法の理解が不十分な生徒を支援する方策も必要。この二点を挙げた上で、生徒が興味を持ちそうな活動に挑戦することの大切さをも指摘している。

3　浅田孝紀による一連の実践[10]

筆者による脚本創作の実践例である。これは①現代文分野で筆者単独で行ったもの、②現代文分野で、文部科学省の「児童生徒のコミュニケーション能力の育成に資する芸術表現体験」事業（通称「コミュニケーション事業」）に採択されて、プロの演劇実演家を派遣していただいて実施したもの、③古典分野で、やはりコミュニケーション事業に採択されて、歌物語作りを行ったもの、の3つに大別できる。

現代文分野のねらいは、「話し言葉に関する言語認識を深める」ことにある。「語用論」と言うと通常の国語科で扱うものとしては馴染みが薄そうに見えるが、我々の話し言葉では「言わなくても済むことは言わずに済ます」傾向があり、それは場の状況からどの程度詳しく言うかを話者同士が瞬時に判断している。これを生徒に認識させるためにグループ活動の形で実施してきたものであり、語用論上のポイントを含んだ短い脚本を作成してそのポイントを吟味し、もちろん最後は各グループが作成した脚本を台本として、学級で実演することになる。

また古典分野では、現代文分野同様の言語認識を深めることを含みつつも、それ以上のねらいとして、「古典を題材にして新たな言語文化の作品を創造する」ということがある。古典を古典としてそのまま終わらせるのではなく、たとえば『源氏物語』が今もって新たな文化的作品を生み出しているように、生徒たちを古典から新たなものを生み出す担い手として育てたいという筆者の願いがある。これは基本的にはくじびきで各班に割り当てられた複数の無関係な短歌を用いて、オリジナルの歌物語を脚本形式で作って実演するものである。

筆者自身の実践なので紹介はこの程度にしておくが、いずれの場合も授業は大いに活性化され、生徒の言語や文学に対する認識を深めることに成功しているし、本事業採択校でも、高校の国語科の一般科目の中で脚本の創作を行っている学校は極めて少なく、先進的な実践を毎年のように行っていると自評できるものである。

三　授業づくりのヒントやこれからの課題

1　授業づくりのヒント

ここでは三点を指摘しておく。第一に、「脚本の創作（演劇）は特別なものだ」とは思わなくてよい、ということが挙げられる。多くの国語教師は自分自身に演劇の経験がなく、脚本を創作させたり、それを実演させるなど、自分には縁のないことだと思いがちである。しかし、そもそも演劇の構造とは、①言うこと・行うことがある程度決まっている。②話し手がいる。③それを見る観衆がいる。というものである。発表者がいて「見る――見られる」の関係が成立していれば、それだけで演劇的な営為であり、これはスピーチ、プレゼンテーション、ディベート、朗読・群読等でも同じである。我々教師が教壇で授業を行う場合も、同様の構造は生じている。そしてそこには多かれ少なかれ「演技」が存在する。こうした、国語教師にとって日常的な授業や、よく行われる生徒の発表形式の活動は、すべて演劇的営為である。脚本の創作活動を行わせることが生徒にとって有効だと思われるなら、特別視せずに行い得るのである。教師側が、構えず気楽に取り組んでいく方が、生徒ものびのびと活動できるであろう。

第二に、「脚本を創作させる以上、何らかの形で発表の場を設けること」が有効である。一般の作文や小論文を一人で書くのであれば発表の場はいらないかも知れないが、「見る——見られる」の関係を前提とする活動を行う以上、実演なり、文集にして配るなりといった、人に見られる実の場を作ることが必要であろう。それが学習への大いなる動機づけになるからである。そしてもし実演であれば、教師はファシリテーター役となって、発表した生徒たちへの何らかの賛辞を与えるべきである。どんな発表にも必ず褒められる点がある。それを見出し、少なくとも発表の場で最低一点は賛辞を与えることが、こうした学習による生徒の達成感につながる。

第三に、時間配当の実際を考えるとグループ活動にならざるを得ないことが多いが、それが「コミュニケーション能力の向上」に役立つようにグループ分けを行うべきであろう。「好きな者同士で組んでいいよ」という指示では、なれ合いになってしまう。仲良し同士をなるべく散らす工夫がある方がよいであろう。そして、グループの全員が必ず何らかの役割に就くことを条件にする。つとに昭和二六年版学習指導要領で指摘されていたように、「劇の製作過程のすべては、話しことばを手段とした社会生活そのものである。協同・責任・秩序の無いところに演劇はなりたたない。」という文言は、今もって古くないと考える。

2　これからの課題

これは二点指摘しておきたい。第一に、今後は正解（唯一解）のない課題に取り組んでいく場面が多くなるはずである。創作活動は正解のない課題の最たるもので、今後の学習で重視されていく方向性にかなう活動である。しかし、たとえば俳句の創作であれば、季語を使うことが原則であるし、十七音にすべてを込めなければならない。これに対し脚本の創作では、どうかすると適当に話をしているだけでも脚本になり得る。しかしそれでは、脚本はできても学習は成立しない。目の前の生徒集団にとって、頭を使って考えねばならなかったり、何か新しい気づきをもたらすものにしなければ、脚本に限らず創作の効果は薄くなる。教師側の授業計画が重要になる所以である。

第二に、評価の問題がある。この活動に対して、「点数化」とか「序列付け」は馴染まない。しかしこのような活動を研究会等で発表すると、必ずと言っていいほど「評価はどうするのか」という質問が出てくる。これについては、教師側が「評価」の方法をもっと学ぶべきである。たとえばポートフォリオ評価とか、ルーブリックを用いた自己評価など、結果を数字で表すとは限らない評価の方法は多い。これを「平常点」と称して評定に組み込むか否かはその教師次第だが、本来の評価は生徒のランク付けのものではなく、授業改善と生徒の状態の把握のために行うものである。「評価」は、どうしても通知表に反映させなければならないものではないのである。

注

（1）梶川誠「日常会話から脚本へ――「自分で見る目」を育てることば指導」『月刊国語教育研究』二〇一一年六月号、日本国語教育学会、pp.22-27

（2）たとえば千葉県立松戸高等学校には教科「演劇」があり、プロでもある教員が担当している。東京都立美原高等学校には、教科に位置づけられない「その他」の選択科目として「演劇」の授業があり、プロの実演家が講師を務めている。こうした学校は全国的に点在しており、珍しいことではなくなりつつある。

（3）「国語教育の問題点」『教育技術』6号、教育技術連盟編、一九五一年九月、小学館（『西尾実国語教育全集』第七巻所収、一九七五年、教育出版、pp.390-391）

（4）『書くことの教育』一九五二年、習文社（『西尾実国語教育全集』第三巻所収、一九七五年、教育出版、pp.344-348）

（5）『ことばの生活』一九五二年、福村書店（『西尾実国語教育全集』第五巻所収、一九七五年、教育出版、pp.349-352）

（6）日本では伝統的に芸術の中で「音楽」「美術（工芸も含む）」「書道」が重視されてきたが、「演劇」はそもそもが河原者の芸であったことや、戦時中に戦意高揚のためのプロパガンダとして利用されたこと、総合芸術であるが故に複数分野に秀でた指導者が必要になるにもかかわらずその養成機関が乏しかったことなどが絡んで、芸術科としても国語科の一部としても一般には定着しないまま、現在に至っている。

（7）青木幸子「ラジオドラマ制作による表現教育マネジメント研究――命をめぐる声のプロジェクト」『月刊国語教育研究』二〇〇八年六月号、日本国語教育学会、pp.22-27

（8）「SE」とは、Sound Effect（効果音）の意味で、演劇、映画、放送の世界で用いられる略称である。

（9）小崎早苗「生徒が学びを楽しむ古典の授業づくり――脚本化と実演の学習活動を通して――」『早稲田大学国語教育研究』第三六集、二〇一六年三月、早稲田大学国語教育学会、pp.1-7

（10）浅田孝紀の実践の詳細については、以下の各文献を参照されたい。①「語用論導入による会話の意識化――演劇的指導による実践の試行――」桑原隆編『新しい時代のリテラシー教育』二〇〇八年三月、東洋館出版社、pp.342-355　②「演劇アーティストとの協働で作る話し言葉の授業――語用論導入による劇作ワークショップを通して――」『月刊国語教育研究』二〇一四年八月号、日本国語教育学会、pp.28-31　③「文部科学省のコミュニケーション事業による演劇を導入した実践の総括的検討――高校国語科としての台本創作と上演発表を振り返る――」『東京学芸大学附属学校研究紀要』第四四集、二〇一七年、東京学芸大学附属学校研究会、pp.159-169

第三章　詩・俳句・連句・漢詩を作る

寺島　徹

一　授業実践上の課題

昨今、国語の授業では言語活動の充実が求められ、とくに新しい学習指導要領において、主体的で対話的な深い学びが推奨されているように、各ジャンルにわたり、知識構成型ジグソー法など参加型の協調学習が導入される兆しがみえる。児玉忠「詩歌を創る（詩・短歌・俳句）」（『ことばの授業づくりハンドブック　中学校・高等学校「書くこと」の学習指導――実践史をふまえて』溪水社　第9章　二〇一六年）においても、「協働的学び」の必要性が示されているように、こうした視点により、詩歌の創作も新しい構想が求められるようになってきている。授業の場でも、散文と韻文の素材を融合して扱ったり、詩歌の実作・鑑賞において言語活動を取り入れたりするなど、新しいアイデアをもとにした実践が行われつつある。その成果を概観しながら、短歌・俳句・連句・漢詩の創作や歌論・俳論の教材研究について、実践の活動事例をいくつかあげてみたい。

（一）短歌・俳句の創作において歌会・句会などの協調学習を導入する。

（二）散文を利用して短歌・俳句を作る。
（三）付け句や連句を教材として取り上げる。
（四）歌論・連歌論・俳論を用い、話し合いを行う。
（五）言語活動を用いながら漢詩指導を実践する。

（一）短歌や俳句は、定型の短詩型で比較的取り組みやすいこともあり、実践報告も多い。だが、歌会・句会形式を利用する例は一部にとどまる。創作した句を子どもの目で鑑賞し、能動的に選び出す作業は大きな魅力をもつ。ただし、こうした形式を授業で利用できているのは教員が実作者である場合が多いと考えられ、一般の教室のための指導法をいかに組み立てていくかが課題となろう。
（二）散文（小説、説明文）をとりあげ、それをモチーフに短歌や俳句をよむ、さらにその作品を批評（散文化）するという方法論が効果的と思われる。[1] こうした試みにより、散文と韻文を往還的に行き来することが可能となろう。散文から短歌・俳句という短いコピーを切り取ること、反対に断片ともいえる短いコピーから長い文章（批評文）を創造すること、このような活動を意識的に行うことで、長い文と短いフレーズがじつは表裏の関係にあることに気づかせることができよう。これは「文脈」を読む力の育成にもつながる。
（三）付け句は連句の一種で、他者の付けた前句に想像をめぐらし、連想して付け句を作るものである。[2] いわば前句というお題に対し、自分の答えを探し出すことでもある。他者の言葉にある「文脈」を掘り起こしながら、自分の選び出した答えを付けていくもので、連句という行為自体が協調学習に発展する可能性を持っている。[3]
（四）韻文作品を批評した評論作品（一種の散文）を読み、グループでその内容を話し合うという授業も有効であろう。詩歌への批評文から、同じ作品に対して様々な意見があることをグループで話し合い、さらに創作作品を鑑

賞しあうことにより、他者への評価という視点を生徒がメタ的に感じ取ることが可能な教材も想定できよう。(4)

（五）本格的な漢詩創作を目指す過程で、平仄、押韻などの「型」を意識した学習メソッドや、「たほいや」（詳細はp.145-146）などの新しいグループ学習の切り口を用い、言語活動をもとに、漢詩の表現活動を行う。

このような創作的活動を中心とした詩歌教材のバリエーションとして、多様な定型の詩歌素材の教材化と授業手法を考案し、その妥当性や効果について検討を加える必要性がある。注意したいのは、短歌・俳句・連句など、定型の創作を言語活動としてとりいれた場合、創作・表現活動そのものに意義を見いだすだけでなく、散文をも巻き込んだ教材・素材として、詩歌創作をプログラムすることが重要と考えられる。このような教材化を行った上で、認知論的な視点から、考案した授業手法に検討・検証を加えることが必要であろう。具体的には、創作した作品に対し、生徒が相互交流を深め、創作行為そのものを対象化し相互評価するような学習活動を展開できることが理想である。本稿では、先にあげた中から、そのような糸口となるであろう、（一）（三）（五）に関わる実践事例をとりあげ紹介してみたい。

二　授業実践例について

1　俳句表現の指導（加藤国子）

加藤は愛知県の公立高校で三十年にわたり俳句指導を実践している。結社での実作経験をいかし、授業だけでなく、全国的な各種コンクールに生徒の俳句を入選させるなど、文芸部活動でも成果をあげている。最新の実践報告二点を取り上げたい。［実践A］「発展期における効果的な俳句指導の実践と考察　その1――言語感覚を磨く季語の教え方について――」（『愛知淑徳大学教志会研究年報』第二号　愛知淑徳大学　教職・司書・学芸員教育センター　二〇一五年）、［実践B］「発展期における効果的な俳句指導の実践と考察　その2――季語の深まりを学ぶ」（同

第三号　二〇一六年）前者は、季語の重なりの問題について丁寧な添削指導を行ったもの、後者は、季語をもとに「一物仕立て」「取り合わせ」といった俳句の構造を意識させた上で創作と句会を取り入れたものである。

（1）学習目標（授業者の願い　学力観）

［実践A］では、季語を学び、俳句を推敲することにより、俳句的言語感覚を高めることができるよう指導する。生徒は季語の知識が乏しいため、季語がなかったり、ダブってしまう句を作ることが多い。季節感とともに言葉の選択に気づかせることもねらいとなっている。［実践B］では、とくに、一つの季語を決め、俳句作りを行うことで、①「季語について深く理解する」②「様々な視点から作られた俳句を読むことにより、物の見方に深まりができる」ように意図している。

（2）学習指導計画

［実践A］【プレ調査】○著名俳人の句をもとに、季語の調査を実施する。

【一時間目】①季語の調査結果を知る。②よくある間違いについて学ぶ。③間違えやすい季語を学ぶ。

【二時間目】④季語を増やす。⑤以前に作った俳句について、季語の確認をし、推敲する。


［実践B］【一時間目】①「桜」の季語について学習する。②「桜」の季語を使い、俳句づくりを行う。
③俳句は回収し、教師が添削をほどこす。
【二時間目】④季語「桜」を使って作られた俳句により6人～7人のグループに分かれ、合評句会を行う。
⑤グループで一位になった句を、黒板に板書させ、教師により、俳句の講評を行う。
⑥一覧表にしたものを配布し、さまざまな表現のあることを学習する。

(3) 指導上の工夫

［実践A］では、まず、生徒の季語に対する理解度をはかるため、芭蕉や正岡子規をはじめ近世、近現代俳人の二十句をあげ調査を行っている。季語の調査結果をもとに、誤りやすい季語の問題について考えさせている。季語は太陰暦と太陽暦の違いで、現代の実際の季節感と感覚のズレが生じることもあり、生徒には把握しづらい面もある。そのような点に配慮しながら、「残暑」を例に生徒に感覚の違いについて考えさせるのである。また、季語の重なり（季重なり）が初心者に多く生じている点も指摘する。初心者は、季語を上手く認識できない場合も多く、季重なりが生じやすい。そこを推敲の糸口に指導を行う。推敲のためのプリントを掲げよう。

●季語に注意して俳句を推敲しよう。季語が二つ以上入っている句について、推敲する。
●手順1　俳句を写す。2　どちらの季語を残すか決める→どちらの季語を残したいのか。
　3　季語が決まったら推敲をはじめる。推敲は、一字でも変えたら十七音全部書く例を参考にする。
　　変更した点は波線を赤で引く。
　例　原句　黒い肌夏休み課題は白いまま
　　　　　　　　　　　↓
　推敲1　日焼けして夏休み課題は白いまま（季語ダブリ）
　　　　　　　　　　　↓
　推敲2　日焼けして積もる課題は白いまま
　　　　　　　　　　　↓
　推敲3　日焼けして積もる課題は白きまま

（「季語の学習プリント」より）

二時間目は、この季重なりを推敲していく授業となる。実践の結果を示そう。

【取り合わせがうまくいった例】

こいのぼり空高くあがる子供の日
　←
子供の日タイムスリップ幼き日
　←
子供の日感極まりし腕時計
　←
子供の日止まったままの腕時計

【焦点が不明瞭でわかりにくい句】

風鈴の音とともに夏が来る
　←
風鈴の音を聞きて思い出す
　←
思い出す耳を澄ませば夏の音
　←
縁側で耳を澄ませば夏の音

　季重なりに注目させ、推敲させることで、具体的な経験を掘り起こしながら推敲を促すことに成功している。この他、「写生句として作りかえた例」「表現力不足の俳句」などの季重なりの例をあげる。季重なりの句の多くは抽象的になったり、単なる季語の説明になったりしがちであるが、体験や想像に基づく具体的な俳句に仕上げ直している点が注目される。初心者が陥りがちな季重なりに、あえて目を向けさせることで、推敲という行為が具体性を帯びてくるわけである。

　つぎに、［実践B］についてみてみたい。一時間目は、桜の季語について学習する。派生季語の理解や、桜の名句を鑑賞して理解を深め、「一物仕立て」「取り合わせ」の技法について解説を行う。俳句には、大きくわけて、一つの素材や「こと」・「もの」により句を作る「一物仕立て」と、二つの異なる素材を配合し一つの世界を作らせる「取り合わせ」の技法がある。前者は素材の内容に驚きや新たな発見が必要とされる。後者は二つの素材の関係に驚きや発見を見出すことが必要である。近世や近現代の著名俳人の句を取り上げ、その違い、特徴について具体的に解説をしていく。こうした基本的な技法を聞いた上で俳句を創作する。この時点で教師の添削も加えている。二時間目は、「桜」の季語を使って作られた俳句により、六つのグループにわかれ句会を行う。合評形式で行うことでグループの意見交換という言語活動を設定することも可能となる。「一物仕立」と「取り合わせ」の句例をそれぞれあげたい。実践の結果、取り合わせを基調にした句作の方が多かったようである。『去来抄』等でもしばしば語られるところであるが、初心者にとって一物仕立てより取り合わせの方が与しやすいのであろう。

【生徒実践例】

「一物仕立」

道に出て芳香感じる初桜
誰もなき帰路に立ちたる夕桜
蘇る出会いと別れの里桜
いさぎよく風に散りゆく夕桜

「取り合わせ」

空をゆく白きボールと初桜
花の雨遊ぶ園児に降りそそぐ
手を振りしランドセルの子残花かな
犬の背に舞ひおりたりし花吹雪

2　連歌創作の指導（黒岩淳）

筆者は、福岡の公立高校で長年にわたり国語実践を行う。連歌の実作者でもある。数年にわたり、高等学校の国語教育に連歌の創作活動を取り入れ、成果を発表してきている。[5] ここでは、最新の成果である「心と言葉をつなげる連歌創作指導――「水無瀬三吟百韻」の鑑賞から創作へ」（『月刊国語教育研究』57号、二〇一七年）を取り上げたい。本実践は、教科書（使用教科書『高等学校　古典B　古文編』三省堂）にのる『水無瀬三吟百韻』を鑑賞しながら、

表八句に付け句を付けていくという発展的授業である。

(1) 学習目標（授業者の願い　学力観）

「伝統的な言語文化」の一つである「連歌」の創作をもとに、生徒に言語活動を通して感動をもたらそうとする。「変化と調和」という連歌の特質を理解させ、連歌創作を通して句を鑑賞する力と書く力を向上させる。また、句を付けることで友人と詩を共同で創作するという体験を通し、言葉の力を生徒に実感させる。「言葉」をつなげることで、「心」をつなぐ楽しさが実感できる連歌の魅力を生徒に伝えることを目的としている。

(2) 学習指導計画

【一時間目】（1）形式・構成の確認
①各句の音数について確認させる
②形式の説明　百韻（百句）　世吉（四十四句）　歌仙（三十六句）
（2）季語の確認
（3）発句・脇句・第三の決まりごと
（4）展開の様子
（5）句材の分類
（6）感覚的な表現
「垣根を訪へばあらはなる道」に句を付けさせる

【二時間目】（1）生徒が作った句（初折裏一）の鑑賞。文法的な間違い等を事前に添削。

（２）連歌実作（初折裏二～五句）までを実作させる。

【三時間目】前回創作した句をすべて一覧にして紹介。鑑賞した後、第四を決める。

二十人を三～四人のグループに分け、初折裏の続きを創作させる。

【四時間目】（１）各グループの生徒作品の鑑賞。添削案も示す。

（２）ワークシートの記入　①気に入った作品を選ぶ。　②授業の振り返り・感想

（３）指導上の工夫

一時間目は、『水無瀬三吟百韻』の表八句を板書で示し、「二句で一つの世界」（調和）、「打越（二つ前の句）から離れる」（変化）ことを確認する。この二つは、連歌（連句も）を巻くときの要諦であり、ここを生徒にどう理解させるかがポイントとなる。板書では、表八句を一覧できるようにすることで、季の言葉や季節の続き具合を視覚的に感じ取ることができるように工夫されている。

一時間目は、形式・構成の確認、季語の確認、句材の確認など、いわゆる作法上の確認が多くみられるが、その中でも、「展開の確認」を強く意識しているところは重要であろう。作法をおさえることが展開という内容に関わっていることを、それとなく示唆しようとの配慮が見受けられる。一時間目は、表八句の肖柏の八句目「垣根を訪へばあらはなる道」（七・七）に初裏の一句目（つまり全体の九句目）を付けるところまで行う。

二時間目冒頭に、生徒作品を事前にまとめてプリントし、文法的な間違い、字足らずなどを添削したものを示す。生徒の作品を鑑賞し、その中から教師が一句を採択する。この場合、「険しくも君に会うため今日も行く」が選ばれている。本来、初折二句までは用いることができない恋句を積極的に選んで、授業を活気づけようとの配慮がみられる。その後、初折裏二～五句までを実作させる。小短冊（付け句用紙）を利用し、教室を「座」にみたて、付

け句を募っていくのである。

三時間目は、初折裏の四句目以降をグループに分けて付け進めていく。グループによる話し合い活動が活発に行われる場面である。季の式目は守らせ、その他の式目（とくに句去り）は許容すること、また、一人最低一句は付けさせるなどの配慮がみられる。四時間目は、各グループの生徒作品の鑑賞である。とくに、季節の決まり事を守っていない点を中心に教師の添削を加えている。この

	垣根を訪へばあらはなる道	肖柏	雑
（初折裏）			
一	険しくも君に会うため今日も行く	亮太	雑
二	波越え求む崖の上の恋	野乃華	雑
三	舟を出し大海原をともに行く	迅	雑

あと、ワークシートで振り返りを行うことをもとに、授業評価をまとめている。ワークシートの記入は次の三点である。

①生徒作品の中から、もっとも気にいった作品を選び、どこがいいと思ったのか、書きなさい。
②前句をどのように解釈したのか、また、句を付けることで、前句と合わせてどのようなことを表現しようとしたか、書きなさい（工夫したことがあれば、そのことにも触れること）。
③連歌創作についての感想。

③については、「コミュニケーションの楽しさ」「ストーリー展開の面白さ」「表現の多様性・それぞれの個性」にわけて、感想をとりあげている。中でも目を見張るのが、「ストーリー展開の面白さ」において、「自分が考えていた物語とは違う物語になったり、場面が一つの句で急に変わったり（下略）」という点に着目している生徒がいることである。連歌の持つ「転じ」の効用について感じ取っている様子がうかがえる。また、別の生徒は、「前の

句に合うようにする「調和」と、打越（二句前の句）から離れる「変化」があって連歌をつづけるのに想像以上に難しいものであった。」と述べている。前句に付けること、打越から転じること、という連歌（連句も）の要諦をしっかり把握しながら意見を述べる姿勢が見られることは、この授業の到達度の高さを示していよう。この部分を掘り下げていくことで、伝統文化の理解のための教材という面だけでなく、思考力・判断力・表現力を磨くための韻文教材としての可能性が示されるのではないだろうか。今後は、「転じ」の教育的効用についても、心得のない教師にもわかる具体的指導法の確立を期待したい。

3　漢詩創作の指導（樋口敦士）

樋口は、埼玉県の私立高校で古典教育の実践を重ねる一方で、数年前に校内で漢詩俳句同好会を設立し、有志の生徒に対して漢詩の鑑賞及び創作を指導している。ここでは、「楽漢的漢詩指導法——本校漢詩俳句同好会の取り組み——」（東書Eネット　平成26年10月～27年1月公開）として四回にわたり公開された実践を取り上げる。この実践は高等学校で平仄を生徒に調べさせる点に大きな特徴がある。押韻については、授業で通常扱うが、平仄まで踏み込んで説明することは稀であろう。ただ、漢詩の鑑賞のみならず、創作に及ぶ場合、平仄の理解は避けて通れない。応用的な試みではあるが、本実践ではグループワークを利用することで、高校生にも主体的な創作を可能とする手法を提示しているところに注目したい。

（1）　学習目標（授業者の願い　学力観）

漢詩は難解で取り組みにくいイメージがあるが、漢詩の鑑賞や創作を通じて中国だけでなく日本の伝統文化についても深く理解させる点で重要である。漢詩作りに際しては平仄や韻目から表現にまで触れ、漢詩づくりの楽しさについて認識させたい。

（2）学習指導計画

古典の授業や総合やＬＨＲの授業、また文化系活動において、「漢語たほいや」「反切法クイズ」「柏梁体創作」という活動的な学習形態を取り入れ、協調的な学習活動を行う。その成果を相互の鑑賞や「漢詩コンクール投稿」という発展的な学習にまで広げていく。

（3）指導上の工夫

①「漢語たほいや」の取り組み

「たほいや」を漢文教育に取り入れ、楽しみながら漢詩づくりに必要な言語感覚を身につけさせることをねらう。「たほいや」とは「国語辞典」から引き出された語句（お題）について、参加者がそれぞれ辞書的な定義を考えて「偽答」を持ち寄り、それを出題した親が「正答」を混ぜて選択肢の形にして「正答」だと思われるものを推測し勝敗を競うもので、今から二五年ほど前に深夜番組で放映され一時期話題となった。この「たほいや」に「漢和特典」を導入したことで、生徒たちが興味をもってゲームに参加しながら自発的に協調学習を行うようになった。生徒も「お題」（漢語）に対して頭を捻りながら選択肢（偽答）の作成に励む様子がうかがえる。例を掲げたい。

Ａ「紅塵」①人が雑踏するところ。②紅ショウガの別名。③朝日でもやが赤く染まっているさま。④紅葉の葉っぱが降り積もった様子。⑤戦争で敗北したこと。

Ｂ「許許」①さし迫って焦っている様子。②偉い人に挨拶に行くこと。③鳥の鳴き声。ホトトギスを指すことが多い。④木の削りくずのさま。⑤平謝りをすること。やむを得ず受け入れてしまう

こと。　　（正答A―①・B―④）

漢字は結合（熟語化）により従来の意味から解放され、新たな意味を付与される。生徒はこのゲームを通じて漢字一字の持つ多義性について改めて感じ、楽しみながら漢語の習得に励む様子がみてとれる。

②「反切法クイズ」の取り組み

「睡眠」の「眠」は「メン」と本来呼ぶのが正しいが、「ミン」という慣用読みとのズレが生じている。この点を意識させるために、生徒に「反切法」について説明している。「反切法」とは二つの漢字を借りた発音法である。例えば、「東徳紅切（東は徳紅の切なり）」とあれば、「徳（toku）」の子音「t」と「紅（kou）」の母音「ou」の発音を組み合わせることで、「東」は「tou」であるという読みができることがわかる。この日本語の慣用読みの誤りを指摘した人物に江戸中期の儒者太宰春台がおり、その著書『倭讀要領』の中で日本の俗儒の読み癖の誤りを指摘しているが、これをもとにした「反切法クイズ」を作成している。以下に問題及びヒント、正答の一部を掲げる。

Ａ「充」昌終ノ切（　　　）×濁音　　Ｂ「需」相兪ノ切（　　　）×濁音
Ｃ「輸」式朱ノ切（　　　）×「ユ」　Ｄ「細」蘇計ノ切（　　　）慣音「サイ」

（正答―Ａ「シュウ」、Ｂ「シュ」、Ｃ「シュ」、Ｄ「セイ」）

生徒はそれぞれの漢字の子音と母音の部分を抜き出して組み合わせることでどのような発音が生じるのか理解し、慣用読みとの違いを確認しようとしている。表音文字であるアルファベットや仮名を使わずとも漢字を用いて発音を表記することが可能であることに新鮮な印象を抱いたようである。

③「柏梁体創作」の取り組み

「七言絶句」を作る上では一行七字を意識させる必要がある。特に、初心の者にとっては最初の一行を捻り出すことが至難の業である。その意図のもと「柏梁体」創作を始めている。「柏梁体」とは七字形式の連歌詩で、漢の武帝時代に詠まれた。ある同一のテーマについて一人が一行ずつ作成した詩を持ち寄って繋いで完成させるものであるという。毎回身近なテーマを取りあげながら、七字目の韻字のみを指導者が決めて生徒に提示する。季節に因んで「食欲の秋」をテーマに「食指動」と題し、以下の作品を完成させた。

「食指動」（下平声・七陽）

●秋月南瓜如暉光（一年女子）　・秋月南瓜暉光のごとし（月下のカボチャは輝く光のようだ）
●山郭樹陰蕈薫芳（一年男子）　・山郭の樹陰に蕈薫芳し（山村に松茸が香り、秋の気配が感じられる）
●山阿菌蕈燦燦陽（一年女子）　・山阿の菌蕈燦燦たる陽（山奥の舞茸は燦燦とした日光を浴びている）
●金風馥郁甘藷香（一年女子）　・金風馥郁たり甘藷の香（秋風は焼き芋の香りを運んでくれる）
●紅白鯛飯大吉祥（一年女子）　・紅白の鯛飯大吉祥（紅白の鯛飯は幸運の兆しである）
●秋刀魚味魅君王（三年男子）　・秋刀魚の味君王を魅す（サンマは殿様を魅了する。『目黒のさんま』より）
●万有引力空拳棠（二年女子）　・万有引力空拳の棠（空から引力でコリンゴが落ちてこないものか）

教師が「食欲の秋」から連想される内容を詩にするように促し、生徒は漢和辞典を手にしながら、よりふさわしい漢語選びに試行錯誤している。各自が柔軟な発想で様々な秋の味覚を詠み込んでいることがわかる。

④　生徒の漢詩作品

こうした漢語習得・表現学習の取り組みを踏まえて、教師の指導のもと漢詩コンクールに投稿している。新潟県三条市の諸橋轍次記念館主催の「第五回諸橋轍次博士記念漢詩大会（平成二十五年十一月）」において数名の生徒が受賞している。優秀賞受賞作品について掲載しておこう。

●寧静夏夜（一年女子）　（下平声二蕭）
蛍燭青灯深穏宵　蛍燭青灯　深穏なる宵

天潢輝照水郷橋　　天潢輝照す（てんこうきしょうす）　水郷（すいきょう）の橋
虫声喞喞初秋感　　虫声　喞喞（しょくしょく）　初秋の感
霽月閑雲冷気漂　　霽月閑雲（せいげつかんうん）　冷気漂う　　【学生の部・優秀賞・鈴木虎雄賞】

蛍の灯火がともる静かな宵。天の川は輝きながら、水辺の村の橋を照らしている。虫の声はしきりに聞こえ、初秋の感じがする。晴れた月に漂う雲にも秋の気配（冷気）が漂っている。

七言絶句は二八字の中で漢語を厳選しながら、様々な事柄を効果的に詠み上げることを可能にしている。楽しみながらも漢詩のメカニズムを論理的に学ぶことで、本格的な表現活動につながっている様子がうかがえる。

三　授業づくりのヒントやこれからの課題

協調学習を含む詩歌の創作授業について取り上げた。いくつか課題について触れておきたい。加藤の二時間単元を二つ取り上げたのは、俳句表現のような単元は、一度にたくさんの時間をとるより、短い単元を間隔をおきながら二回、三回と取り上げた方が効果的であると考えたためである。加藤の実践は、現場で行われている授業として、代表的なものと思われるが、俳句教材の全体的な問題として、散発的な実践紹介が多いことがあげられる。実作経験豊富な教員が実践報告を発表することが多くみられ、添削、推敲の仕方など、対処療法的な記述で参考になる報告は多いものの、指導法の体系化、理論化を目指した論考があまり見られない。この分野に直接関わると考えられるのは、実作者、実作系の教員、古典俳諧・現代俳句の研究者等であるが、それぞれの立場をこえて中等教育における俳句表現の指導法を体系化していく試みも必要であろう。(6)

今回取り上げたものは、詩歌の実作の中でも、とりわけ古典教材と関わりの深いものであった。こうした創作を通して、伝統的文化の理解を深めることができるのは有意義である。ただ、古典的要素に親しむことを主たる目的とするのか、教材・素材として詩歌創作メソッドの構築を目指すのか、指導者の立場が判然としない一面もある。たとえば、高校の俳句創作では、生徒にも、旧仮名遣いを求める指導者も少なくない。(7) 仮名遣い、古語や古典文法への拘りは、ルーツを古典に持つこれらの教材の特色ともなっていようが、こうしたジャンルの持つ表現技法を会得することが言語感覚や言語能力を養う上で、どのように役立つのか、教育的効果や具体的なメソッドを掘り下げていく論考も期待したい。

なお、今回取り上げた中で、連歌、漢詩の創作は高校生にとって大変高度な内容である。いずれも「型」を大事にする伝統文芸である。平仄を覚えないと漢詩が作れないこと、連歌（連句）創作において、「去り嫌い」など式目作法を覚えないと一巻を完成できないことは自明である。そのような点で、グループワークにおいて、創造的な意味で「型」を意識した言語活動を行うことは、生徒たちにとって大きな意味があるものと考えられる。ただ、その一方で、連句の「転じ」を理解し式目を遵守するということ、あるいは、漢詩において平仄を理解するという行為は、一般の教室にとって過度に高度な内容であるという印象はぬぐえない。こうした高度な技法の実践例の場合、教員がその分野に精通した実作者である場合が多い。高等学校の国語教育として、どこまで取り上げるのか（どこから高等教育や生涯教育にゆだねるか）、あるいは、実作者でない教員にも用いることができる教材として普遍化できる内容であるのかという視点から検証を行う必要性も感じる。

最後に評価について述べておきたい。詩歌の創作は、アクティブ・ラーニングを取り入れやすい分野である一方、評価の難しさが指摘できよう。授業の最後に生徒へのアンケートを行い、生徒による取り組みへの肯定的な声をもって全体の総括に活用している場合が少なくない。生徒の声に、連歌の「転じ」の効果や俳句の「取り合わせ」の効果について踏み込んだ内容もみられ貴重であるが、新しいタイプの教材の真価を問うには、このような効果について、教員の側で、別の認知的な視点をもうけて分析する必要も感ずる。詩歌教材を国語で扱う場合、言うまでも無く、作品そのものの表現の完成度・到達度を測ることより、その創作のプロセスを評価する教師側の視点の開発が重要だと考えられるからである。こうした課題と向き合う意識をもって取り組めば、協調的な学習教材として、より魅力的なものとなるであろう。

注

（1）小説、物語作品をモチーフに短歌、俳句を作る授業は、すでにいくつか実践がみられる。青木幹勇『授業　俳句を読む、俳句を作る』（太郎次郎社エディタス、二〇一一年）等参照。

（2）高等学校における連句の実践報告には、浜田睦雄（二〇一一年）「俳句・連句の創作指導――言葉をとおして感動を発見する視点に気づかせる――」（高知大学教育学部国語教育研究室編『語文と教育の研究』10、二〇一一年）、佐伯裕美「連句創作の可能性」（愛媛国語国文学会『愛媛国文研究』62、二〇一二年）、大貫眞弘「学習者同士の対話による充実した表現活動の可能性と留意点――連句作りの授業を通して――」（『国文学　言語と文芸』129、二〇一三年）等がある。

（3）執筆者もかつて全国高校生付け句コンクール（豊田文化振興財団等主催）の選考委員をつとめ、国語教育における有用性について述べたことがある。迎勝彦・寺島徹「小学校における付け句創作指導の可能性――趣向と句作に基づく教材化への視点」（『解釈』六九六号、二〇一七年）に、小学校の事例ではあるが、付け句を用いる効果や評価に関する考察がある。

（4）このタイプの教材で話し合い活動はあまり行われていないが、寺島徹編『「言語活動」の核となる高等学校韻文教材の開発と実践研究』（平成28年度文教協会研究助成報告書、二〇一七年）において、韻文の評論教材について報告を行っている。

（5）黒岩淳の実践は、『連歌と国語教育――座の文学の魅力とその可能性――』（溪水社、二〇一三年）にまとめられている。

（6）古くは、比較的理論化された指導書として、今井文男『現代俳句の教え方』（右文書院、一九六八年）があったが、昨今の実践を網羅・吟味した上での論考・手引書が望まれる。最近のものでは、井上泰至編『俳句のルール』（笠間書院、二〇一七年）が参考になる。

（7）俳句創作における旧仮名遣い利用は、戦前の俳人に倣う面と、古典の授業を意識した面からと思われるが、一方で江戸時代の芭蕉や蕪村の仮名遣いが旧仮名遣いに依拠していなかった事実もある。古典授業の一環として詩歌創作を扱う場合でなければ、中等教育の段階で旧仮名遣いに拘る必要性は少ないと思われる。

Ⅳ　文学創作の学習指導（中学校・高等学校）

第一章　絵本・児童文学を創る、絵本・児童文学から創る

林　美千代

一　授業実践上の課題

現実を超えて未来を見通す力を育てるために、創造的想像力の重要性が言われてきた。絵本や文学を読むこと、物語ることは、子どもの創造的想像力に大きくかかわってくると考えられる。[1]絵本や児童文学を用いて創作活動につなげている実践を見ると、学習者が非常に楽しんでいることがわかる。しかし、学習者を中高生に限定すると、絵本や児童文学（童話）を用いて創作する実践活動はそれほど多くはない。絵本や児童文学そのものを創作する活動はさらに少ない。授業実践のハードルは高いと思われているようだ。

その理由として、一つには絵本や児童文学が対象とする読者層には中高生を含んでいないという一般の認識がある。一九九〇年代後半以降、絵本は読者層を広げ、大人向けの絵本が多く出版されるようになった。児童文学でも十代のためのヤングアダルト（ＹＡ）文学が多く出版されている。読者層としては想定内に入っている。もちろん絵本や児童文学はそれ自体として特色のある文学である。例えば、絵本は「絵と文で成り立ち、ページをめくることによって物語が進行する表現形態」であり、読者対象を選ばない視覚と言語芸術の一種である。また児童文学は

子どものみを対象とした文学ではなく、大人の心の内にある「子ども性」に訴えるジャンルである、という側面がある。この分野を享受する読者を小さい子どもに限定する必要はないのである。

第二に国語科の実践ということで、ことばを用いた文字テクストを重視したいという考えがあると思われる。絵本は文字情報が少なく、絵の情報が重要である。近年、さまざまなメディアで視覚的情報が用いられるようになった。中高生のサブカルチャーにおいてもイラストや画像が多く使われる。絵を読み解きそれを言語で表現することは、ますます重要になっている。ＹＡ文学に目を転じてみると、ファンタジーなどは、特に長編が多い。文字情報が少なくても多すぎても教室では扱いにくいと思われがちなのではないだろうか。

第三に、これは第一の理由とも関連するのであるが、自分たちはもう子どもではないと思っている中学生・高校生に、児童文学の創作を求める場合には、大人（教師）が読んでも楽しい絵本や児童文学の存在を知らせることや、誰に語るために創作するのか宛先を意識させることが必要となる。

学習者にとっては、絵本や児童文学は楽しい教材である。中高生は日常的にマンガやアニメ、ドラマ、ゲームなどの映像メディアに接している。絵本も視覚メディアの一種であり、読み継がれてきたロングセラーの作品が多いため、幼いころに接してきた学習者には「なつかしい」という感情を呼び起こす。そのため、興味・関心を引きやすく動機づけに役立つ。絵本や児童文学の創作体験が楽しいのは、言葉や言い回しが簡単なものが多いことにも起因する。子どもの読むものならば難しい漢字や言葉、気の利いた言い回しを考えなくともいいということで、とりかかりやすそうに思える。実際には「子ども」という要素が入るので、幅広い年齢層に通用する言葉で、深い内容を伝えるのは難しいのだが、一見そうは思えないところに、楽しさと難しさとがある。そして創作の自由度が大きいと思われること、つまり童話やファンタジーのように現実ではありえない展開や飛躍が許される自由があり、楽しい創作になると考える。

中学校・高等学校での先駆的で豊かな授業実践例として、文字なし絵本に文章を付ける実践例がある。大村はまの「楽しくつくる『白銀の馬』（リンド・ワード作、冨山房）の文章創作や『旅の絵本』（安野光雅作、福音館書店）の文章創作実践である。[2] 本稿ではそれ以後に行われた中学校二例、高等学校二例の実践を学齢順に紹介したい。

二　授業実践例について

1　遠藤瑛子「ことばをみつける――絵本による創作」（中学校一年）[3]

（1）学習目標

遠藤瑛子は神戸大学附属住吉中学校一年生を対象に「ことばをみつける」単元で、アートとして表現の質が高い文字なし絵本『小さな池』（新宮晋作、福音館書店）などから文章を創作する実践を行った。絵本という開かれた学習材を用いて、書く力や創作する力を育てるという言語活動を、総合的に行う単元である。絵本を「見る」活動から、描かれているものを「読む」活動へ、そして、ことばを見つけて「書く」活動へ続ける。楽しく想像しながら物語を創作する。この単元で育てたい主たる言語能力として、遠藤は、「書くこと」、「読むこと」、「聞くこと・話すこと」、「言語事項」、「見ること」の五項目に対して三点から五点の目標を列記している。詳細は割愛するが、見ることの項目には、「絵の描写から、描かれていない風や音などを感じ取る」「場面から場面に移る時間の経過を把握する」などの、言語能力ではないがこの単元に必要な力を入れている。単元のねらいは四点である。

①　絵本の内容に関心をもち、すすんで想像を巡らし楽しもうとする。
②　書き出しと結びを工夫して、絵の内容に想像を加えながら物語を創作できる。
③　絵本として表現された情景や作者の思いを理解し、作者の心と共感できる。

④　書き上げた作品を読み返し、表記や表現について推敲することができる。

(2)　学習指導計画（全一五時間。抜粋して示す）

一次（一時間）単元の学習を始めるにあたって、学習内容の見通しをもち意義を感じられるようにする。

二次（二時間）パネル「われは海の子」の絵を見、探し出したことば（複合動詞）を用いて文章や詩で表現する。

三次（二時間）ものの見方・考え方。絵本の見方を深めるために、だまし絵を使って見方の違いを考えさせる。

四次（六時間）四冊の文字なし絵本（『小さな池』（前掲）のほかに、『庭』（ベッティナ・スティーテンクロン、セーラー出版）、『はるにれ』（姉崎一馬、福音館書店）『なつのかわ』（同上）を見せ、一冊を選択させる。学習の手引きを配布。ことばをみつける制作日記を書かせる。

五次（三時間）作品の音読練習をし、生活グループで読み聞かせする。

　代表者による読み聞かせ発表会。心に残った作品に対し、二〇〇字の感想を書く。

六次（一時間）まとめ

(3)　指導上の工夫

　絵本創作にかかわる部分を紹介する。

①　「書く場」創作のための文字なし絵本は一人に一冊当たる数を用意する。四種類の絵本の中から生徒に自由に選ばせる。個人でも二人で共同制作してもよい。（中心となる『小さな池』を主に紹介する）、

②　「書く内容」『小さな池』は、上空から小さな池に近づき、池の生き物がクローズアップされまた上空から見るという視点の変化と、一日の情景の変化が美しい絵本である。自由創作の手引きを配布する。「絵本をじっ

くり眺め、各ページからことばを見つけ、そこから発展させて詩や文章に表現する。

③「書き方」詩にするか。散文にするか。どの視点にするか。学んだレトリックや動詞を使って。語る相手は同学年の人。制作日記は毎時間つける。

④ 中間発表で友達に読み聞かせ・音読し、感想を言い合う。その後学級発表会をする。

⑤ 生徒作品例

A『小さな池』《男子生徒二人での共同制作。1ページ分4行ずつ交代で創作。交代に読んで朗読発表》

大きな大きな森の上／ふんわり雲が浮いている　（一画面目）
大きな大きな森の中／小さな小さな池がある
大きな大きな森の上／強きつばさのワシがいる　（二画面目）
小さな小さな池の中／雲と雲とがこんにちは
大きな大きな森の中／鏡のような池一つ　（三画面目）
小さな小さな鏡には／わたあめぐもがうつってる　（以下略）

B『小さな池』《男子生徒一人で創作。空を飛びたい池を自分に重ね合わせているようだ。》

「はじめに」空を飛びたい池／雲になりたい池／ワシになりたい池／そんな池のあこがれや／飛べないむなしさ／仲間と相談したりする池を映し出した／飛べない池の話／「約束」／おーい／ン?／ナンダイ／僕を他の所につれてってよ／ジャア僕ニツイテキナ／僕　動けないよ／（／改行。以下略）

＊共同制作したAの作者は、「ことばをみつけるということは思っていたよりおもしろく、（中略）さらに共同で作っ

たので思いつくことばが二倍にも三倍にも膨れ上がったような気がする。」とふり返っている。

2　田畑博子「物語を楽しむ——自己評価しながら書く力を育てる」（中学校一年）[4]

(1)　学習目標

秋田市立泉中学校一年生の創作文の学習で、「何を書くか」という難題を超えるために、「竜」（今江祥智作、『現代の国語一年』三省堂）の続き物語創作という課題を設定している。「展開や人物の造形を工夫することを楽しみながら、意欲的に書くことができる」、「書き進める過程で、友達と相談しながら書くことができる」ことを目標とする。

(2)　学習指導計画（全九時間）

一次　「竜」を読み、イメージマップを作る。主人公や登場人物の性格を読み取る。

二次　『はなのすきなうし』（マンロー・リーフ作、ロバート・ローソン絵、岩波書店）と「竜」を読み比べる。

三次　ペアで「竜」の続き物語を書く。手引きを参考にストーリー展開などの構想を練り、相談しながら物語を書く。作品の発表会を行い、それぞれの作品のよいところを評価しあう。

(3)　指導上の工夫

①　「書く場」　竜は想像をふくらませやすい題材である。創作の前に、「竜」をよく読み、主人公の性格や文章表現を、続き物語の参考にしたり、他作品と比べたりする。物語の展開を考えたり、表現の吟味をする際に、他者の目を意識することができるようにペアで書く。

②　「書く内容・書き方」　創作上の留意点は「物語らしい書き出しや終わりを工夫し、何か事件を起こして面白

いお話にすること」、「三太郎らしいお話を考えること（略）」、「元の物語の表現を真似したり会話を工夫したりして、「竜」の続き物語らしく仕上げること」の三点で、これは評価の観点にも通じる。

③「推敲」　教師との対話・友だちとの話し合いでよりよい構想や表現を練る。

④「評価」　作品を朗読する形で発表会を行い、「フィンランド国語教科書」を参考に作ったワークシート「友達の作った物語を聞いて、よいところを見つけるための手引き」に従って相互評価する。

⑤生徒作品（推敲の例。ペアで共同制作しているので一段落目と二段落目で作話者が違う。（　）内は推敲の結果挿入された文言）

> 三太郎友達ができる！
> 三太郎が竜神様といわれてからはや八年がたった。竜神様を一目見ようと来る見物客もすっかりいなくなった。三太郎はあいかわらずのひっこみじあんで沼から出（られ）なかったので、（体中に）藻などがついて気持ち悪くなっていた。それで、（何日か考えたすえ）、雲の上に体を洗いに出た。

＊田畑は、「自己評価、相互評価、教師の評価が重なり合ってこそ、子どもの書く力は育つ」と気づきを述べている。

3　青木雅一「児童文学作品のリメーク作品の結末を予測する（高校二年）[5]」

（1）学習目標

公立高等学校の「国語表現Ⅰ」の授業で、第二学年を対象に、「児童文学作品のリメーク（書き換え）作品を創作することを目標とする。そこに至る前に「リメーク作品の鑑賞」と「リメーク作品の結末を予測する」の二つの活動を行って、物語創作のための構想指導とした。

（2）学習指導計画（全八時間）

第一時　教科書教材（三省堂版「国語表現Ⅰ」）に掲載の古典教材『伊曾保物語』の「蟻と蝉のこと」と『イソップのお話』（河野与一編訳）中の「セミとアリ」を読み比べる。

第二～第四時　さらに教科書教材の佐野洋子「ありときりぎりす」（『嘘ばっか』所収）を読み比べ、主人公の変化をたどる。結末を予測する作品である『3びきのかわいいオオカミ』（ユージン・トリビサス文、ヘレン・オクセンバリー絵、こだまともこ訳、冨山房）の作品途中までを印刷し配る。

第五時　イギリス昔話『3びきのこぶた』（瀬田貞二訳、山田三郎絵、福音館書店）でストーリーを確認した後、「3びきのこぶた」のパロディ『三匹のコブタのほんとうの話』（ジョン・シェスカ文、レイン・スミス絵、いくしまさちこ訳、岩波書店）を読み聞かせして、リメークの仕方を学ぶ。

第六時～第七時　『3びきのかわいいオオカミ』の結末を創作する。

第八時　相互評価と自己評価を行う。

（3）指導上の工夫

①　「書く場」国語の授業で学習した多くの作品が、書き換えによって独自の観点が付け加えられていることを確認し、学習者の意欲を喚起する。

②　「書く内容」『3びきのかわいいオオカミ』は、仲良く暮らしていた三匹のオオカミが悪いおおブタに繰り返し家を破壊される話で、メッセージ性の高いエンディングである。しかし、学習者にそこまでは求めず、書くことを楽しみ、書いたものを楽しんでほしい。

③　「書き方」エンディングをイメージすること。どこを書き換えるか考えること、などを指導する。

④「評価」提出された作品を名前を伏せて印刷する。その資料を基にいいと思う作品の番号を書かせる。課題に対する自己評価を記入する。

⑤　生徒作品例

結末は、みんなが仲良くなるタイプや、ブタを食ってしまうタイプ、ブタをやっつけるタイプ、別世界へ逃げ出すタイプ、偶然に問題が解決するタイプなどあった。そのうちの、ブタを食ってしまうタイプの作話を再掲する。

> （前略）３匹のオオカミは悩みました。「よし、こうなったらブタに仕返しをしよう」３匹のオオカミは材木を集めて家を建てました。（中略、以下（　）内はあらすじ。ブタは「中に入れろ！」と叫び、家に入って仕掛け穴に落ちる。３匹のオオカミは「悪いおおブタめをやっつけたぞ！」と喜ぶ。）
> その日の夕食は豪勢にしゃぶしゃぶでした。３匹のオオカミは、どこから手に入れたのか、たくさんあったブタ肉を全てたいらげました。そう、そのブタ肉は…。

4　田中宏幸「絵本を契機とした物語の創作――『ぼくを探しに』の場合」（高校三年）[6]

（1）学習目標

作文を書けない生徒に、「書くに値する内容」を発見させるための手立てとしてインベンション（創構）指導が必要であるという考えのもとに、田中宏幸は多くの実践を行っている。兵庫県立加古川南高校三年生を対象に行ったこの単元では、虚構の作文によって、自己を見つめ、自己表現を導こうとしている。

高等学校においては論理的な思考力や表現力を育てる必要があるが、実際には意見文や小論文は学習者が身構えてしまい、「観念的に論を組み立てようとするために、言葉が宙に浮いてしまうのである」という。このような問題意識から、豊かな自己表現を導くために仮説をもとに授業を組み立てた。それは、「高校生に創造的表現活動への動機づけを図るためには、絵本を導入することが有効ではないか」、「虚構の作文を書かせることによって、客観的に自己を捉えさせるとともに、豊かな自己表現を導くことができるのではないか」、「書く内容と書く方法の発見を導き、書く意欲を喚起するには、「書き出しモデル」を提示することが有効なのではないか」の三つである。

(2)　学習指導計画（三時間扱いの場合）

第一時　『ぼくを探しに』（シルヴァスタイン作、倉橋由美子訳、講談社、一九七七年）を読み聞かせ、感想を発表。
　次の課題（四つのテーマから一つを選ぶ）を提示。
第二時　前時の学習者の「ひとこと感想集」を配布。課題の書き出しモデルを提示。記述し始める。
第三時　前時に引き続き、物語を書く。全員の作品を一冊の文集にする。

(3)　指導上の工夫

①　「書く場」『ぼくを探しに』は、何かが足りないと感じている主人公が、足りないかけらを探しに行く物語である。自分探しという自己への対話を促す教材であり、高校生に「自己を見つめさせ」、「他者の存在に気づかせ」、「人生の意味について深い思索を導く」という自己内対話を促す場を提供する。
②　「書く内容」　次のいずれかのテーマから一つを選び、新たな物語（虚構の作文）を書いてみよう。

一、「何かが足りない／それでぼくは楽しくない」（場面3）に共感を覚える自分の過去の体験を、架空の人物を設定して物語風に書く。

二、他者の一部となることを拒絶した「第一のかけら」の立場から主人公に手紙を書く。
三、「なるほどつまりそういうわけだったのか」（場面44）という主人公のつぶやきに着目し、主人公の考えたことや思ったことを、主人公の立場になって日記風に書く。
四、自分自身の「探し求めているかけら」について、その夢や現実を、架空の人物を設定して物語風に書く。

③「書き方」
各課題ごとに、「書き出しモデル」（本稿では割愛）を例示。それによって「私の感覚と同じだ」という生徒の感想を生み出し、課題に対する抵抗をなくす。
④全員の作品を一冊にまとめ、文集にする。
⑤生徒作品例
＊『ぼくを探しに』に対する共感は大きく、この教材と出会い、これらの課題が与えられたことによって、学習者は日常生活を見つめ直したり、生き方に思いを馳せる作品を多く生み出した。
課題の選択は、一から四まで偏った傾向はなかった。課題四のテーマで創作した例の一部をあげる。


「太陽になりたい」

昨日落とした「かけら」が、今日になってもまだ見つからない。あたしの中の時間が、すべて止まったみたいに昨日のあの時の記憶から一歩も前に進めない。こんなにも「かけら」の事を大切に思っていたなんて。失くして気づくものは、とても大きい。

この前買った新しい服を着ても、好きな音楽を聴いても、いつも頭のはしっこで「かけら」がうずく。ズキズキ。ズキズキ。今日でゆううつも三日目。探しても探しても、どんどん、あたしをおいてけぼりにして遠い彼方へと行ってしまう。いつも近くにあって、触れる事も、見つめる事もできるのに、追いかければ追いかける程、手の届かない所へ逃げていってしまう。この前つかまえたと思ったら、今日はもう、ここにはいない。「かけら」にとってのあたしとあたしにとっての「かけら」が同じだったら、どんなにいいだろう。そんなことを思いながら、あたしは今日も「かけら」を探している。それなのに、ここにはいない。あたしはずっと手元に「かけら」をおいて、いつまでも、どこまでも歩いていきたいのに、「かけら」はペースをあわせてくれない。もう「かけら」と出会うことはないのかしら。そう考えるだけで頭がオモイ。（後略）

三　授業づくりのヒントやこれからの課題

児童文学・絵本を用いた実践では、文字なし絵本に文章を付ける実践、続き創作を書く実践、書き換え創作を行う実践などがある。これらの実践で、創作への動機づけ（関心・意欲の喚起）に芸術性豊かな絵本や児童文学は大きな力を発揮している。「書くものがない」「どう書いていいかわからない」という学習者の困難を克服するものとして有効であるといえる。ただ、授業実践の際、選書に迷うことは多いと思う。誰もがゼロから創作するわけではない。今まで経験したこと、読んだ本などが材料となって織物のように物語は織られていく。教材にどのような物語を選ぶかで、学習者の書く内容が変わってくる。材料となる副教材も考えたいとなると負担の多い授業となるが、まずは想像して創造することの楽しさを味わえるかが重要であろう。学習者は、創作の過程について、「最初は物語を作るのは難しいかなと、思いました。けど書いているうちにだんだん楽しく思えてきました」と感想を述べる場合が多いのである。

文字なし絵本に文字をつける実践や絵本の結末を予測する創作は、管見の限りでは小学校から大学まで行われている。用いられている絵本にはこの稿で取り上げた実践以外に、『かげ』（スージー・リー、講談社、二〇一〇年）、『たまご』（ガブリエル・バンサン、BL出版一九八六年）などがある。また文字なし絵本ではないが、『りんごかもしれない』（ヨシタケシンスケ、ブロンズ新社二〇一三年）の一頁を用いてユニークな発想を引き出すこともできる。[7]だが、書かれた文章が絵の説明だけになってしまう場合もある。絵本の文章は詩の言語に近く、イメージ豊かでリズミカルであるが、主述がはっきりした文章でない場合や、短い文章で絵に多くを語らせる場合もある。[8]絵本にそえる文章ではなく絵本から発想した文章創作や、視点を変えた書き換え創作にするのも、国語科では有用であろう。表現か発想か、想像力の育成に重点を置くのか、叙述の完成度に重点を置くのか、学習目標を定める必要がある。

学習者が物語を創作する場合、想像力が広がらず、単なる経験の叙述やありきたりのストーリーをなぞるだけの創作になってしまう場合もある。発想を重視しつつ枠も利用する例として続き創作や、書き換え創作があるが、「話中話」の利用も一考であろうと筆者は考える。話中話の形を取れば、枠組みをゆるくして、発想を広げることができる。筆者はかつて『おさるのまいにち』（いとうひろし作、講談社）を用いて、サルたちが仲良く暮らす島に珍しい訪問者がやってくるという「話中話」の創作を小学生から高校生までに行った。中学生になると「おさる」という他者の目から見た人間の文明批判や残酷さに対する批判を示す創作も出てきた。人間認識が深まったといえよう。続き創作として原作のような小さい子ども向けにはならないが、発想は評価したい作品があった。[9]設定を利用しつつ設定からかなり自由に描ける方法として話中話やパロディなどはもっと用いることができるのではないだろうか。

中高生の創作学習では、絵本を用いる例はあるが、絵を描くことを含めて絵本全体を創作する実践は少ない。この分野のユニークな試みとして「おべんとう絵本」[10]の方法がある。「おべんとう絵本」は自由に黒丸を描いた紙を数組用意し、ゲーム感覚で組み合わせて本にし、さまざまな黒丸模様からストーリー作りをする。絵本の構造を利用しつつ、カードをひく行為を入れることによって偶然性による意外性をも加味した絵本作りである。絵本の構造を知る上でも有効な方法である。しかし制約もある。[11] 作話者は黒丸を何かに見立てて話を作るので、自分に見立てる自己語りが多くなる。だが、筆者の実践では、黒丸の群れを戦争に見立ててユニークな話を作って来た学生もいた。絵と文を含めて絵本全体を創作するもの、絵本の絵のつながりを考えて、絵本の文字の選択から配置まで、考える実践は、美術科目でもなされることが多い。[12] 言葉表現を大切にする国語科が美術などの他教科と連携して、絵本一冊を完成させる実践も望まれる。他学科との協力はこれからの課題であろう。物語の共同制作は、本稿で取り上げた遠藤実践や田畑実践で一部行われている。筆者も保育系の大学生に対して、美術と音楽専門の教員と協力し、紙芝居の創作指導を行っている。物語をグループで創り上げていくと、グループ員のアイデアや経験をもとに発想が広がり、ストーリー作りが豊かになると実感している。一九八〇年代、「お話を書く」いわゆる「想像の作文」を書く場が必要であると述べた浜本純逸は、「創作の営みが、本質的に自由を要求する」[13] と述べる。どのような話が出てこようとも、自由である。という基本線が評価の中になければならない。今一度、創り出す営みの自由を保証することを考えていきたい。その際、発想の自由な児童文学作品や絵本は、創作指導の大きな力となるだろう。

注

（1）ヴィゴツキー、福井研介訳『子どもの想像力と創造』（新読書社、一九九二年）、内田伸子『ごっこからファンタジーへ――子どもの想像世界』（新曜社、一九八六年）など。

（2）大村はま『大村はま国語教室　第六巻』筑摩書房、一九八三年。
なお、浜本純逸監修、田中宏幸編『ことばの授業づくりハンドブック　中学校・高等学校「書くこと」の学習指導――実践史をふまえて』（溪水社、二〇一六年）の第十章、武藤清吾「物語・小説・脚本を書く」には大村はまの「白銀の馬」の実践紹介がある。

（3）遠藤瑛子『人を育てることばの力――国語科総合単元学習』溪水社、二〇〇三年、pp.68-105
（4）田畑博子「自己評価しながら書く力を育てる」『月刊国語教育研究』二〇一四年六月号、日本国語教育学会、pp.16-21
（5）青木雅一「構想力を育てる創作指導――児童文学作品のリメーク実践から」『月刊国語教育研究』二〇一三年六月号、日本国語教育学会、pp.22-27
（6）田中宏幸『発見を導く表現指導　作文教育におけるインベンション指導の実際』右文書院、一九九八年、pp.63-85
（7）石井光恵編『絵本学講座2　絵本の受容』朝倉書店、二〇一五年、p.36
（8）笹本純「絵本の方法―絵本表現の仕組み」『絵本の視覚表現』中川素子・今井良朗・笹本純、日本エディタースクール出版部、二〇〇一年。この著で笹本はテクスト先行型でない純粋絵本の言葉の特徴として、①省略による少量化　②時制、指示詞の変換　③台詞の多機能化　④オノマトペの活性化、の四点をあげている。p.95
（9）林美千代「子どもは「おさるのまいにち」をどのように理解するのか――イメージ画、アンケート、つづき創作の分析を通して――」『児童文学論叢第一三号』日本児童文学学会中部支部、二〇〇八年、同上「子どもたちの異界イメージ――『おさるのまいにち』のつづき創作から」『児童文学論叢第一四号』二〇〇九年
（10）長谷川集平『絵本づくりトレーニング』筑摩書房、一九八八年
（11）松崎正治「文学的文章創作の過程――〈制約〉の観点から」『両輪　一九号』両輪の会、一九九六年
（12）徳嵩博樹ほか「教育現場と絵本」中川素子・吉田新一・石井光恵ほか編『絵本の事典』朝倉書店二〇一一年、pp.520-528
（13）浜本純逸『文学を学ぶ・文学で学ぶ』東洋館出版社、一九九六年、p.109（初出一九八〇年）

第二章　沖縄における俳句の授業づくり

田場　裕規

一　授業実践上の課題

創作学習は何のために学校教育に位置づけられるのか。この問いへの答えを簡単に言うことはできない。しかし、この問いへの答えを明確に持つことが指導者には期待される。目標論的に言えば、「人間形成のため」であり、「自己実現のため」である。創作学習をとおして、学習者を自立した表現者として育成し、自己表現をとおして、未知の自己に出会わせることが目標と言えるだろう。しかし、この目標を実現するための方法論は、多岐にわたる。さらに、「人間形成」や「自己実現」の具体性、有意味性は、明確な所産として提示することが難しい。そのために、創作学習に取り組む指導者は、不安と躊躇いが払拭できないでいる。それは、短期的なスケールによって「人間形成」や「自己実現」を見ようとすることに原因するが、一方、創作学習を支える方法論の根底に、最も重要な視点が欠けている点も原因として挙げたい。創作学習を支える方法論において、欠かすことのできない視点は「共感」である。本稿で挙げる授業実践は、「共感」をキーワードに「人間形成」、「自己実現」を目指した実践である。いずれも、俳句の創作学習である。

二　授業実践事例について

1　「俳句で豊かな人間教育を」（高校）——野ざらし延男[1]

野ざらしの俳句指導の成果は、学年末に句集としてまとめられ、実践内容も詳しくまとめられた。その俳句集の中に、学習目標や具体的な指導方法について述べられている。句集の殆どが私家版である。一九八五年一月、日教組全国教育研究集会（札幌大会）において「実作を中心にした俳句指導——俳句で豊かな人間教育をめざして」を発表し、注目を集める。そこでは、八年間の俳句実作指導をレポート三冊にまとめて発表した。同年三月、俳句指導の集大成として、生徒と教師の合同句集『脈』（沖縄県立宮古高等学校）を発刊し、第一回日本詩歌文学館奨励賞を受賞している。

十八冊にも及ぶ句集（実践集）は、時に、教職員も参加し、「生徒と教師の合同句集」として編まれた。また、野ざらしの在籍する学校の国語科教員全体で俳句実践に取り組んだ句集もある。校内俳句コンクールを企画し、全校生徒を対象に取り組んだ実践である。また沖縄女子学園（女子少年院）における俳句指導実践は、矯正教育における俳句指導の好例であり、俳句の教育的な可能性をひらいた。次に、野ざらし実践の特徴と概要を述べる。

（1）　学習目標（授業者の願い、学力観）

野ざらし実践の大きなねらいは、「俳句で豊かな人間教育を」行うことにあった。その柱となる考え方は次の三点。①国語教育の立場から、表現力を高めること。②情操教育の立場から、感性を磨くこと。③人間教育の立場から、埋もれた才能を掘り起こすこと。そして、この三点を実効性のあるものにするために、次の七点を具体的な指導方針とした。

①　新学期早々四月から「俳句の作り方」講座を授業の中に特設し、教科書に掲載された俳句教材とオリジナルの指導資料を用いて、実作指導を徹底する。

②　年間を通して継続的に実作指導を行い、量と質を高めていく。一、二回の実作に留めない。

③　特定の生徒を対象とせず、全員参加を目指した指導を行う。それは、ペーパーテストでは計れない人間性の発掘を目指すためである。

④　事前指導だけではなく、事後指導に心を配り、提出された作品は全て「俳句教室作品集」に収録し、全生徒配布する。そのことによって、生徒同士の相互理解に役立てる。秀句には☆印を付し、作品の巧拙を解説し、激励する。

⑤　生徒理解のために、作品集は全教員に配布する。生徒の内面が俳句にあらわれることに留意する。

⑥　校内俳句コンクールを開催する。

⑦　教職員対象の「俳句入門講座」を開設し、生徒と教師が俳句を通して絆を深め、人間啓発の場を作る。

以上七点は、高校生句集『俳句の眼』（一九九一年、読谷高等学校）の「あとがき」に記されたものである。概ねどの句集の実践でも踏襲された。

(2)　学習指導の概要

年間通して行われる俳句指導は、次の六点を学習のねらいとした。「①表現力を高め、感性を磨く。②観察眼を磨き、ものの核心に迫る眼を養う。③『近きを切り、遠きを結ぶ』という省略の技量を体得し、『もの』や『こと』の枝葉と根幹を見分ける眼を養う。④『見えないものを視る。聞こえないものを聴く』、心眼と心耳を養う。⑤常識的な発想を打破し、創造的な生き方を身につける。⑥ものの見方、考え方を深化させ、豊かな人間形成に役立てる」[2]。人間教育の立場から見出した学習のねらいは、俳句学習の価値を生徒と共有するものとして機能した。それは、次のような野ざらしの考え[3]があるからである。

俳句指導の基本的な姿勢を記しておく。俳句形式は「五七五の十七音の定型である」とする考え方がある。私は、この定型形式を絶対化しない立場で俳句創作の指導にあたる。多少の増減は認め、「十七音を基調とする定型感」を大切にする。非定型も破調も認め、五七五形式の「決まりごと」というガードを少し緩めて生徒たちが俳句創作の入り口から入りやすい環境を整える。創作する「内容」においても「自由」を大切にする。「俳句は季語を入れなければならない」とする伝統的な固定観があるが、私は「無季俳句」も認める立場で指導にあたる。有季も無季も句作に生かす複眼的思考に立脚する。俳句を「季節を詠う」狭い世界に閉じ込めない。創作の中身を規定せずに、芸術としての新しい俳句世界の「創造」と「自由な表現」を奨励する。

また､学習形態について､「学習形態は『俳句指導』というよりも､『俳句学習』と言う方がぴったりする｡俳句創作は､生徒の自主性を尊重し､強制はしない｡生徒の熱意の喚起に力を注ぎ､推敲のためのアドバイスはするが添削はしない。あくまでも生徒自らの力で思索し創作することに力点を置く。」と述べている。[4]生徒の自主性を尊重し、「自由」と「規制」の関係に言及した野ざらしの考え方は、生徒自身が自作を推敲していくことを促した。そしてそれは、初心者の陥りやすい駄作[5]の傾向を示すことによって、学習のねらいを自覚化させていった。

◆駄作の五つの型

◇重箱型・言葉垂れ流し型　重箱を重ねたように同じ内容の言葉を重ねた句。無駄な言葉を垂れ流している句。初心者が最も陥りやすい駄作の傾向です。傍線部が重箱になっている箇所。俳句は五七五の十七音の詩型です。散文的な「説明や報告」をしていては言葉が輝きません。「省略と凝縮」が大切です。

カルタ取り　みんな楽しい　お正月　／　春の風期待と不安桜舞う　／　風鈴の涼しい音色夏癒す

夏の川　冷たく　感じる水遊び　／　大空にぴかぴか光る　揚花火

◇標語型・スローガン型　五七五の俳句の形式になっているが内容が標語的、スローガン的になっている句。この傾向の句は「論理を排し、詩情を入れる」ことが肝要です。

初詣健康祈り初漁へ　／　百合の花いつも立派で元気よく　／母の日に愛するママへカーネーション

白百合に平和を願うもう二度と　／　社会に一歩踏み出す卒業式

◇自己満足型　他者には意味が通じず、自分だけしか解らない意味不明な自己満足の句。この傾向の句は「観念を断ち、具象的に把握する」ことが大切。

この時期か一年前の大空よ　／　扇風機汗を飛ばす水たまり　／　冬の日も寒さに震え浴びている

冬休み二つの幸せで宿題忘れる　／勉強をしている上で回ってる

◇季節チャンプルー型・季節チャンポン型　春夏秋冬の四つの季節が一句の中に複数入っている。傍線部がダブっている箇所。この傾向の句は「観察眼と季節感を磨く」必要があります。

春近し心の中はまだ真冬　／　冬の日は暑さが欲しい超調子いい　／　朝昼晩冬眠明け多忙の扇風機

残暑をせかすのは青葉かな　／　冬の夜桜と共に邪心散る

◇落語型　滑稽、お笑いで、他者を笑わせることを狙った句。この傾向の句は「お笑いを排し、本質をつかむ」ことが大切です。

夏太り去年の水着入らない　／　四月馬鹿いつもその日を忘れている

初夢にゴキブリが出て落ち込んだ　／母の声雷みたいにやかましい　／　海水浴よくいる下着忘れる奴

（3）指導上の工夫

野ざらし実践の大きな特徴は、生徒の日常生活や社会生活と俳句の創作学習を切り離さずに構想した点である。俳句月報や句集をまとめることによって、生徒の日常に俳句を位置づけ、時には社会への眼着しを高めることによって生徒の問題意識を喚起していった。特に沖縄という土地に寄り添う視点を「慰霊の日校内俳句コンクール」などに見出し、生徒に内発する様々な感情や思想に揺さぶりをかけた。沖縄戦において、米軍が上陸した読谷の地で同コンクールを開催したことは意義深かった。以下、読谷高等学校で行われたコンクール（一九九五年）における生徒作品を掲出[6]する。

（一年生）
天賞　亡がらで真紅に染まるニライカナイ
地賞　島は枯れとわに奏でる三線の音
人賞　月光が照らし続けた世の地獄

（二年生）
天賞　ヤドカリが薬莢背負って母さがす
地賞　火の雨をくぐって咲いたしずくたち
人賞　蛍火が母のぬくもり呼び戻す

（三年生）
天賞　壕の中蟻の鼓動も許されず　／　爆音で散った叫びを食らう蝿
　　　榕樹（がじゅまる）たち根をはり平和にしがみつく　／
　　　満月が鳥といっしょに焼け落ちた
地賞　白百合の叫びで揺らぐ血のカーテン　／　返り血が無色の夏を翻す
　　　銃声に切りきざまれた蟬の声　／　鳥たちの目につきささる彼岸花
人賞　昇天を願い指さすさとうきび　／　どこへ行く悲哀の河を渡る花
　　　偽りの喝采あびた千羽鶴　／　一粒の涙が指紋を泳がせた

勝連繁男[7]は、生徒作品「ひめゆりの悲鳴も言葉も蠅たかる　／　壕の中で土にかえった千羽鶴」にふれて、野ざらしの実践について次のように述べた。[8]

卒業記念俳句集には、全国大会、コンクールなどで特選、優秀賞などをとった作品をはじめ、思わず、オッ！と目をひくような作品が何点もあるが、なんと言っても、卒業生全員の作品が収録されていることが意義深い。／稚拙な作品ももちろん多いが、このような表現（作句）行為の経験を通して、物の見方、感じ方を培い、やがて言葉にはいのちが宿り、いのちをもった言葉を通して物事の本質に迫り、自らが豊かに自立したものであることを知るにちがいないのである。そして、内景をもつから人間であり、内景の豊かさが人間の魅力でもあることを学びとっていくにちがいないのである。そのことを予感させるものが、この句集にはすでにうごめいている。

勝連の指摘は、高校生の心の風景の広がり方は、表現（作句）行為によって鍛えられ、自己成長の源となることを指している。ものの見方、感じ方を鍛える行為としての俳句の実作は、物事の本質に迫る言葉を自分自身の中に探る行為であり、心象の豊かさを目指す野ざらし実践の要と言える。生徒自らの心の風景を俳句によって広げ、問題意識を喚起した野ざらし実践は、世代をこえて沖縄で継承されている。

2　大城健[9]の俳句実作指導（高校）——野ざらし延男実践の継承

大城は、沖縄県立宮古高等学校において野ざらし延男と出会い、俳句のみならず、生徒との接し方や教師としてあるべき姿など、多くの薫陶をうける。その出会いについて、「野ざらし延男との出会いがなければ、私自身が俳句を作ることもなく、創作活動を続けることもなかっただろう。芸術の楽しさや厳しさを理解することもなかったと思う。また、生徒との接し方や教師としてのあるべき姿も分からないままであったと思う。[10]」と述べている。教師の手本として野ざらしの実践に学んだ大城は、赴任校の状況に合わせて、コンパクトな俳句の授業を展開していった。

(1) 学習目標

学習目標は次の五点。「①作る喜び、完成する喜びを知る。②言葉に対して敏感な感覚を磨き、理解力や語彙力を深める。③観察力を身につける。④思考力を深め表現力を高める。⑤自由な発想を養い、詩心を育てる。」言語感覚を磨き、観察力を身につける視点や、自由な発想を重視する視点は、野ざらし実践を継承している。一方、大城実践では、理解力・語彙力を深める視点や思考力を深める視点も盛り込まれた。

(2) 学習指導計画

大城は、野ざらし実践を参考にして、コンパクトな学習指導計画を作成した。留意事項は次の四点である。①俳句実作指導は、「国語総合」や「国語表現」、「現代文」などの科目の「俳句」に関わる単元で行う。②指導時期は、一学期の早い時期から年間を通して継続指導が望ましい。時期を区切って指導。③夏休みの課題としても提出できるように指導する。④授業時間は四時間程度を目安とする。野ざらし実践と比較すると俳句指導を日常化する側面は薄くなったが、多くの教員に俳句実作指導を普及することができた。

(3) 指導上の工夫

大城実践は、野ざらし実践をコンパクトに展開したところに特徴があるが、それは勤務校の実態に応じた実践を

時間	目標	学習活動	留意点
第一時	俳句の特質を理解する	①　指導者自身の俳句との出会いを知る。 ・野ざらしを心に風のしむ身かな　芭蕉 ・黒人街狂女が曳きずる半死の亀　野ざらし延男 ・光年の涙腺上のかたつむり　野ざらし延男 ・満月や森は地球の耳となる　おおしろ建 ②　俳句の特質を知る。 ・古池や蛙飛び込む水の音　芭蕉 （十七音の形式、切れ字、季語、余情性、独創性（常識を破る）、破調と非定型） 破調の例 A　海暮れて（5）鴨の声（5）ほのかに白し（7） B　海暮れて（5）ほのかに白し（7）鴨の声（5）	○出会いの素晴らしさ、人生の奇縁に気づかせる。（野ざらし延男との出会い） ○芭蕉の作品などの実例を通して理解させる。 ○芭蕉の作品はAとBのどれか。
第二時	俳句の歴史を知る	①　俳句の歴史を学ぶ。 ・正岡子規の俳句革新「写生」の説 ・俳諧、発句、俳句の違い ②　様々な現代俳句。 ・自由律俳句、無季俳句、口語俳句、多行形式俳句 ③　季語の効果を考える。 ・流れゆく大根の葉の早さかな　高浜虚子 ・増殖する闇へバターナイフ入れる初夏　建	○国語便覧等を利用する。現代俳句のプリントを準備。 ○夏の季語のプリントを準備
（第三時省略）			
第四時	省略・添削・推敲を学ぶ	①　省略の実例（傍線部は省略できる箇所） A　春が来て　桜が咲いた　美しい B　蝉が鳴き　今年も夏が　やってきた C　西瓜割り　夏の浜辺を　にぎやかに ②　添削の実例 A　秋の空みがけば青い湖だった ＝みがくことのできない空をみがくといった感性は良い。その空が青い湖に映っていたと捉えたことも悪くはない。空の青が移った湖の透明感を出すために、「青い空」の代わり「深い瞳」を入れてみた。 添削句　秋の空みがけば深い瞳だった （略） C　眠たくて瞳の裏を魚が泳ぐ ＝「瞳の裏を魚が泳ぐ」の表現は良い。「眠たくて」が説明的なので「夏休み」を入れてみる。 添削句　瞳の裏を魚が泳ぐ夏休み ③　推敲の実例　芭蕉作品「閑かさや～」 ④　俳句実作	○ヒントを与え、学習者自身が考えるように促す。 ○生徒の気持ちに配慮しながら、添削する。

目指したからである。農林高校や総合学科に勤務した際の俳句実作指導は、年間通じて継続的に行うことができなかった。しかし、年に数回「佳句作品集」を発行し、生徒同士の共有を図った。「俳句作品集」によって生徒自身が創作活動への関心を高めていった。野ざらし実践における「俳句で豊かな人間教育を」というスローガンを継承することによって、生徒自身が新しい自分に出会うことを可能にした。「いつも静かでおとなしい生徒が、生き生きとしていた。意欲的に添削を求める生徒も意外にも多かった。作る喜び、完成する喜びとともに、自分の存在が認められたということが大きいのではないだろうか[11]」と大城は述べ、この実践の真価を見出している。「慰霊の日」佳句作品は次の通りである。

火のつぶて逃げ惑う人蟻の群／鉄の雨悲鳴飛び散る悪夢かな／マニュキュアを塗ればさびしい慰霊の日
祖母の手に忘れぬ記憶慰霊の日／花デイゴ天まで届くレクイエム／扇風機風におもった沖縄忌

全国学生俳句大会において入賞した作品は次の通りである。

原発がミンミンと再起動／入道雲一人ぼっちのダムの底／扇風機無限宇宙と交信中
百合群舞兵士撃ち合う音止まず／飛魚の飛び出している入道雲／赤りんごかじるとほんわり甘い嘘
陽のひかり舐めて寝転ぶ野良猫か／昼の街夜とは違う羽抜鳥／歌声の連鎖反応グラジオラス

3　「言葉のレンズ」で俳句の世界を覗く（中学三年）——上江洲朝男[12]

上江洲朝男の問題意識は、次のような指導場面において見出された[13]。

「いくたびも雪の深さを尋ねけり（正岡子規）」の句を自分なりに読み取らせ、グループ内で発表し合う活動をしているときのことである。ある男生徒が次のように述べた。「目の不自由な人が雪の降る音とか匂いとか、肌で感じる冷たさとかで大雪だなと感じて、家族にどれだけ降っているのかと何度も尋ねている感じがした。」発表を聞いてグループ内から感嘆の声が上がると同時に、一人の女生徒が発言した。「正解は、作者は病気で起きられないから、看病していた妹に『雪はどれくらい積もっているのか』って何度も尋ねている歌(ママ)だよね。」グループの皆はシンとしてしまった……。「俳句を味わう」とは一体どういうことなのか。この疑問が授業実践の出発点である。

俳句を味わうためには、俳句を鑑賞する力を育成することが重要だと認識していたが、右の指導場面から、「自分らしさ」と鑑賞力について検討するようになる。その結果、「俳句を味わう」ために、「寄り添う鑑賞」と「引き寄せる鑑賞」という二つの方法を考えた。

「寄り添う鑑賞」とは、作者の生きていた時代や置かれていた状況などを知り、その思いに寄り添う鑑賞の方法である。「引き寄せる鑑賞」とは、作品にある言葉そのものを自分自身の生活やこれまでの体験に引き寄せて鑑賞する方法のことを指す。俳句を味わうために、注目したのが「引き寄せる鑑賞」である。その際、「言葉のレンズ」を通して俳句の世界を覗く。「言葉のレンズ」とは、俳句には用いられていない「言葉」をレンズに見立てることである。俳句には用いられていない「言葉」を通して、その「言葉」の向こう側の俳句の世界を想像して味わう方法としてネーミングしたものである。

(1) 学習目標

① 俳句を何度も音読し、作者のものの見方や感じ方を学んだ上で、鑑賞する力を養わせる。

②　俳句の背景や作者の思いを想像して表現し、相互に発表し合うことによって言語感覚を磨かせる。
③　自分の生活や体験を振り返って俳句を創作することで、表現することの楽しさを知り、相互の作品を尊重する態度を養わせる。

（2）学習指導計画⑭

第1次（1〜2時）俳句を音読し、作品と出会い、印象に残った部分に赤ラインを引く。精読し自分なりの「読み」を深めた部分は青ラインを引く。自分とは異なる他者の「読み」を緑ラインで記す。

第2次（3〜4時）教科書の俳句五句を「言葉のレンズ」を用いて味わい、自分らしい読みを通して「俳句鑑賞ノート」を作成する。

第3次（5〜6時）教科書以外から好きな俳句を選び、その背景を想像して「十七音からのショートストーリー」を創作する。

第4次（7〜8時）生活や体験を振り返って、自分らしい俳句を創作する。小グループで創作した俳句を発表、批評し合い、推敲する。

第5次（9〜11時）ポスターセッション形式で創作した俳句を発表し合い、他の意見を参考にして、さらに推敲を重ねる。

（3）指導の実際⑮

「春風や闘志抱きて丘に立つ（高浜虚子）」について、「言葉のレンズ」を用いて味わわせてみると、生徒の挙げた「言葉のレンズ」は、「新入社員」「ボクサー」「中学三年生」などであった。「ボクサー」なら「丘」は「リング」に見立てられる。「言葉のレンズ」を「新入社員」とした生徒は、レンズの向こう側の世界を次のように捉えた。

「闘志抱きて丘に立つ」は、何かものすごい挑戦心にあふれている感じがする。この俳句は「春風の中、ものすごい決心をして、何事にも負けない！と明日へ真っすぐに挑戦していく人」を表した俳句と思った。途中で迷ったりしてしまう事もあるかもしれないけど、気合を入れてがんばろうという意気込みを感じる。

或いは「をりとりてはらりとおもきすすきかな（飯田蛇笏）」の句を「命」という「言葉のレンズ」で鑑賞した生徒は、「つい折ってみたものの、そのすすきの重さに命を感じて心まで重くなった」と述べた。「言葉のレンズ」によって「引き寄せる鑑賞」を実現した生徒たちは、俳句から「十七音のショートストーリー」に取り組むが、ここでも「言葉のレンズ」を活用する。ある生徒は、「海に出て木枯らし帰るところなし（山口誓子）」を「戦争」という「言葉のレンズ」を通してショートストーリーを創作した。「戦争」という「言葉のレンズ」から生徒がとらえた世界は次のような文章で表現された。

「第二次世界大戦の中で…」

それは第二次世界大戦の頃だった。／日本で一人の男がなにか思い詰めたようにしていた。その男はパイロットだった…。その男には家族がいた。妻が一人。子供が一人。今年三十歳になる自分がいて子供も今年、五歳になる。／飛行機のパイロットになっていつかはこうなるとわかっていた。行きの燃料しかない飛行機に乗ることを……。／自分には帰りを待っている家族がいる。が、自分は国のために最後の最後まで戦わなければならない。／そして覚悟を決めて飛びたった。／海に出て木枯らし帰るところなし。

ショートストーリーの創作から俳句創作につなげていくのだが、グループで批評し合うことによって推敲を重ねていった。例えば「枯れたいとそっと思う造花かな」という句を作った生徒は、グループ内の批評によって、「『枯れたい』とそっと思う造花かな」→「『枯れたい』と密かに思ふ造花かな」と変えていった。これは、「言葉のレンズ」によって、「引き寄せる鑑賞」に取り組ませたことによって、自分なりの視点を見い出すことができた例と言える。自分なりの視点をもって、俳句を創作させることは、容易なことではないが、「言葉のレンズ」を通して自分なりの視点を自覚することができた。本実践は、俳句の鑑賞力を育成すると同時に、自分なりの作句に導く方法を提示してくれている。

三　授業づくりのヒント・これからの課題

ここでは、沖縄の高等学校、中学校における俳句指導実践を取り上げた。冒頭、創作学習を支える方法論に欠かすことのできない視点として「共感」に言及した。俳句は、五七五の韻律の簡便さから、生徒作品の巧拙の幅は広い。しかし、「共感」をキーワードに「人間形成」、「自己実現」に導くことに関しては、多くの教育的要素を備えている。たとえ稚拙な作品であったとしても、作句の過程において言語的な成長のみならず、「人間形成」にも影響を与えていく。

「共感」は単一的な概念ではなく、複合的な概念である。「共感」を構成するものは、自他の区別を維持しながら、認知的な要素と情緒的な要素がある。認知的な「共感」は、他者の感情や考えていることを知るということであり、情緒的な「共感」は、他者と感情を共有するということである。三つの実践に共通することは、自他意識を持ちながら、俳句実作で見出したものに対して、認知的にも、情緒的にも「共感」のシステムが存在しているということである。

現在、学校現場は、野ざらし実践のような取り組みを進めることが困難な状況になっている。それは、授業時数の確保と、日々の授業を消化することに汲々としているからである。言葉を通して他者と「共感」し、「人間形成」、「自己実現」をはかることを忘れた教室は多いのではないか。「共感」のシステムが機能しない創作学習であれば、いっそ取り組まない方がよい。いわんや俳句をやである。野ざらし延男は、宮古高校勤務の際、俳句指導の過労から眼を患い、「有疼性眼筋麻痺症」となったという。さらに筆労から「書痙」にもなった。なぜそこまでするのか。それは、俳句という詩の教育的可能性を信じているからであり、その可能性の中に生徒が自在に変容する「教育の妙」を見出すからである。野ざらし延男曰く「すべての人間には埋もれた才能がある。その可能性を引き出すことに努める。偏差値や点数重視の教育ではおちこぼれた生徒でも、才能を発揮し、生きる勇気が湧いてくる。」と。俳句を通して、生徒一人一人に向き合い、「共感」のシステムを働かせることの意義を今一度、捉え直していく必要がある。

注

（1）本名は山城信男。一九四一年沖縄県うるま市生まれ。沖縄県内の高等学校に勤務。沖縄女子学園（少年院）「俳句教室」講師を務めた。沖縄タイムス社「タイムス俳壇」選者（一九七六年～一九八五年）。「天荒」俳句会代表。第二回新俳句人連盟賞（一九七四年）。『沖縄俳句総集』で第二回沖縄タイムス出版文化賞（一九八二年）。沖縄タイムス芸術選賞「文学部門・俳句」奨励賞（一九九〇年）、大賞（一九九五年）。沖縄タイムス教育賞「国語教育」（一九九四年）。
（2）生徒と教師の合同句集『俳句の岬』読谷高等学校、一九九四年、p.278
（3）句集『薫風は吹いたか』沖縄女子学園、二〇一一年、p.53上段
（4）生徒と教師の合同句集『俳句の森』読谷高等学校、一九九六年、p.264
（5）句集『薫風は吹いたか』沖縄女子学園、二〇一一年、pp.217-218
（6）生徒と教師の合同句集『俳句の森』読谷高等学校、一九九五年、pp.20-23
（7）勝連繁男　一九四〇年沖縄県北谷町生まれ。沖縄県立高等学校に勤務。沖縄タイムス芸術選賞奨励賞（一九七六年）、九州文学

賞優秀賞（四回）。

（8）琉球新報　一九九一年三月二七日（土）。

（9）一九五四年沖縄県宮古島市伊良部島生まれ。一九八三年宮古高等学校に採用。野ざらし延男と出会い俳句を始める。「天荒」俳句会。沖縄タイムス芸術選賞「文学部門・俳句」奨励賞。平良好児賞（一九九九年）。沖縄タイムス教育賞「学校教育」（二〇一五年）。俳名、おおしろ建（けん）。

（10）大城健「俳句指導の実践――『俳句実作で理解力を深め表現力を高めたい』」『おきなわ国語教育』第九号、沖縄県高等学校国語教育研究会、二〇〇六年、pp.52-55

（11）前掲書に同じ。

（12）沖縄県の公立中学校、琉球大学教育学部附属中学校教諭を経て、琉球大学教育学部附属教育実践総合センター講師。沖縄タイムス教育賞（二〇一四年）。演劇集団「創造」代表。

（13）上江洲朝男「『俳句を味わう』ための授業づくり――『言葉のレンズ』で俳句の世界を覗く――」、『ことばの学び　国語教育』（三省堂）vol.25、二〇一一年、pp.12-13

（14）安里久子・照屋清美・上江洲朝男「対話を取り入れた授業で創る単元カリキュラム」、『研究紀要』第十五集、琉球大学教育学部附属中学校、二〇〇二年、pp.49-63。授業実践当時、「言葉のレンズ」に相当する術後として「補助線」と言っていた。

（15）「指導の実際」は前掲の（13）（14）に加えて、沖縄県・国語の授業づくり研究会（琉球大学）第三回定例会（二〇一三年一一月）の発表資料の内容を補足した。

参考文献

梅田聡編著『岩波講座　コミュニケーションの認知科学2　共感』二〇一四年

第三章　単元学習の中の創作活動
——文学の周辺的分野を題材にして——

草野　十四朗

一　授業実践上の課題

本章は、文学創作の周縁に焦点をあてている。それも単元学習の中での創作活動である。従って、課題の提起というよりもオルタナティブな提案というべきものになっている。

1　単元学習と創作活動に関する概念を拡げる

（1）「テクスト」・「教材」観を拡げる

①音声言語による演劇表現・朗読・群読

本稿では、文字テクストに加え音声テクスト（音声言語）の創作実践も対象に入れている。群読等、文字テクストからの二次表現も創作と認めるのである。とはいえ大村はまなど、実践の歴史そのものは古い。また、メディア・リテラシー教育においては、動画をはじめ様々なテクストを対象とした学習活動が自明の前提となっている。

②文学の周辺領域と単元学習

町田守弘は「境界線上の教材」として、サブカルチャーを積極的に実践に取り入れている。[1] これも、メディア・リテラシーにおいては一般的なことである。町田は学習者の「今、ここ」に沿うことが、浜本純逸のいう「言語化能力」の育つ学びを成立させると考えている。その意味で身近なサブカルチャーは最適の学習材になることも多い。「手紙」もその一つといえよう。虚構としての書簡体小説はもちろんだが、手記、私信もこれに含めたい。さらに「聞き書き」においても、「語り」の編集・二次創作という要素が入ってくるという理由で同様の扱いをしたい。

(2)「実の場」を拡げる

単元学習では「実の場」の設定が課題の一つとなる。本稿では、学校を出て現実の社会に参加する、現実の他者に向き合う、という「実の場」を重視した。活動に「手紙」や「聞き書き」を入れているのはそのためである。

論者も二〇〇〇年に社会参加の実践を行った。[2] これは、被爆地長崎に点在する資料館の語り部たちに、ライフストーリーと記念館の理念・内容について聞き書きを行い、新たな記念館のプランを提案するというものである。生徒たちは被爆地長崎という地域社会の問題に向き合い、語り部たちの目指す平和文化構築の営みに協働・参加していった。被爆者からの聞き書きが、その思いを知る実の場として、単元の中で重要な役割を果したのである。

(3)「国語科」観を拡げる

論者が顧問を務める部活動（平和学習）では、プレゼンや討論など多様な言語活動を行う。それらは、様々な交流活動や市の平和事業の企画運営など、「実の場」で活かされ、かつ磨かれている。ほかにも、多くの部活動が、言語活動を基盤にした活動を行っている。部活動だけではない。学校での教育活動はその基盤を言語活動が占めるといってよい。言語活動の指導を国語科という教科の枠に限定してしまうことなく、教育活動全体の中で教師集団が協働的に幅広くかかわり、その活性化を図ることも考えたい。無論、国語科教師の役割はその分重要になる。

（4）「創作」観を拡げる

武藤清吾は創作活動をインタラクティブな関係性を前提とした協働的実践行為だとする。[3] その形態は基本的に対話である。無論その相手は、空間や時間を超えた所にいる他者でもありうる。これは我々の日常でも経験することである。たとえば、心を打つ弔辞の場合、話者は死者と対話しながら聴衆とも対話している。皆が参加する文学的営為が成立するのである。これは、作品との対話と学習者どうしの対話という関係に置き換えることもできよう。単元学習は協働性を前提とする。このような創作観をもってすると授業の理解も変化あるいは深化すると考える。

2　創作単元と単元構成

創作活動は単元学習の形態を取ることも多い。これらの単元構成は、「一定の目的のもとで創作活動を一過程として活かす単元構成（手段としての創作）」と「創作そのものを目的とする単元構成（目的としての創作）」に分けられるかと思う。両者を弁別しておくと構想も立てやすい。浜本純逸は単元学習の構成原理を「活動単元（作業単元）」、「ジャンル単元」、「主題単元」に分ける。[4] そのいずれにおいても表現活動は、主に学習の成果を総括するものとして位置づけられ、評価活動と密接につながるものとなっている。このようなものは「目的としての創作」にあたる。それらは本書でも扱われているとおり、物語、脚本、詩などの形態を取ることが多い。

浜本は同時に単元構成を多様にアレンジできる可能性も示唆している。それらは「手段としての創作」になることが多いだろう。たとえば、導入部においては、学習意欲の喚起のための折り句・自己紹介詩、あるいは主題に関する問題意識喚起のためのショートストーリーなどがある。展開部においては、想像・共感からより認識を深めるための「聞き書き」・「手紙」や、「群読」・「演劇」のための脚本制作などがある。

二　授業実践例

1　他者の視点に立つ・他者と向き合う　―平和をテーマにした聞き書き・手紙

本項では文学に準ずるものとして聞き書きと書簡を取り上げる。

また、単元のテーマとしては「平和」を優先的に取り上げた。聞き書きと手紙という手法が、戦争体験の継承や異世代・異文化の相互理解といった平和構築の手段となり得るという理由からである。これらは、今日の様々な教育課題にも応えうるはずだ。その点で、聞き書きは事実に向き合い、そこから生まれた学習者自身の「問い」を起点にした学習活動が構成できる。また、手紙においても、価値観の違う他者と向き合う手段となりうるのである。

（1）「聞き書き」の実践

田中宏幸は早くから聞き書きの教育意義に着目し、大学での指導に取り組んでいる。田中は「聞き書き」で育てたい力として、「共感的対話力」、「話しことばを文章化する力およびメディア・リテラシー」、「調査力」を挙げる。[5]

また、中井浩一は聞き書きの教育を、「主体的な学習」、「事実に向き合わせる学習」、「自分の生き方を考えさせる学習」、「地域の教育力に依拠した学習」、「信頼関係をつくり、人間理解を深める学習」と定義し、やはりその意義の大きさを認めている。[6]

その方法について、田中は「独り語り式」「対談再現式（一問一答式）」「ルポルタージュ式」の三つに分類する。[5]

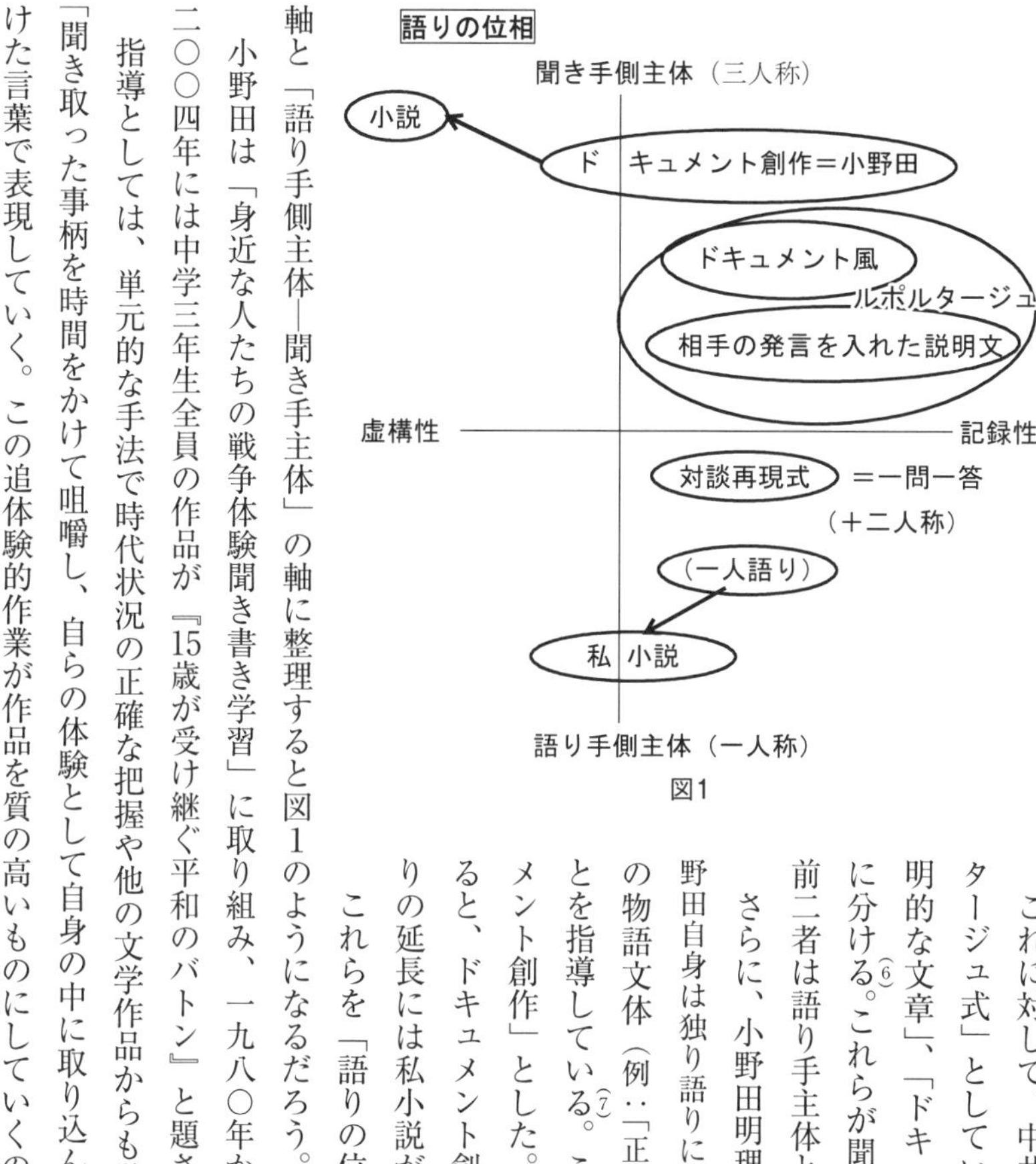

図1

これに対して、中井と古宇田栄子は、田中が「ルポルタージュ式」としている形式を「相手の発言を入れた説明的な文章」、「ドキュメント風（記録文風）の文章」とに分ける。[6]これらが聞き手側主体の記録方法なのに対し、前二者は語り手主体といえる。

さらに、小野田明理子は、「ドキュメント風の文章（小野田自身は独り語りに分類）の物語文体（例：「正夫が六年生の春だった。」）」を、虚構も許容して三人称で書くことを指導している。[7]ここでは、論者が便宜的に「ドキュメント創作」とした。虚構という点で文学との関係を見ると、ドキュメント創作の先には小説が位置し、一人語りの延長には私小説が位置することになる。

これらを「語りの位相」として「虚構性—記録性」の軸と「語り手側主体—聞き手主体」の軸に整理すると図1のようになるだろう。

小野田は「身近な人たちの戦争体験聞き書き学習」に取り組み、一九八〇年から三十年間で総数七千を超えた。二〇〇四年には中学三年生全員の作品が『15歳が受け継ぐ平和のバトン』と題されて高文研から刊行された。

指導としては、単元的な手法で時代状況の正確な把握や他の文学作品からも学ばせて聞き書きに臨ませており、「聞き取った事柄を時間をかけて咀嚼し、自らの体験として自身の中に取り込んだ上で、書き手の身体をくぐり抜けた言葉で表現していく。この追体験的作業が作品を質の高いものにしていくのだろう。」と説明する。

一方で、「インタビューの現場＝語る者と聞く者の相互作用」・「聞き手の問題意識」を重視する中井は、小野田実践の「事実からの逸脱＝主観性の放任」「内面のドラマ偏重」等の点についてこれを疑問視する。両者には相容れないものがあるが、中井も手法の違いはその正否の問題ではないことを認めている。

なお、田中は、インタビューの手法を次の六点に整理している。

① 具体的なことを丁寧に訊く。
② 質問は小さなこと、相手が気楽に答えられることから始める。
③ 慣れてきたら核心に迫る話題に入る。
④ 小間切れの質問を続けるのでなく、相手の話の中から次の質問を見つける。相手の話にひたすら耳を傾ける。
⑤ 親しい人ならプライベートなことも聞かせてもらう。
⑥ ゲストが複数の場合（座談会）は、脱線覚悟、重複覚悟で話を聞き出すことに集中する。

聞き書きの指導については、すでに本シリーズの『「書くこと」の学習指導』において、坂口京子が町田守弘と藤本英二の実践を紹介している。(8) 本稿ではできるだけ重複を避けたので、ぜひ同報告も参照されたい。

A　唐崎雅行「平和を考える」(9)（中学二年）

（1）学習目標

①ねらいを持って人の話を聞き、適切な言葉や表現を与えて文章化する。
②戦争当時の人々の暮らしや生き方を知ることにより、これからの平和を考える。

（2）学習指導計画　表1（次頁）

（3）指導上の工夫

① 書く場

単元の最初は、動機づけ・興味づけの段階である。予備的な知識として、当時の様子を表す写真や記録、新

表1　総合単元「平和を考える」単元の展開

次	主題（時間）	学習のねらい
Ⅰ	新聞の中の戦争（1）	・新聞の中から戦争に関する記事を取り出すことができる。 ・人によくわかるように伝える文章を書くために、どんな点に気をつければよいか説明できる。
	凧になったお母さん（1）	・小説を読んで自分の感動した点を二百字でまとめられる。 ・自分の感動がわかるように発表し合える。
	火垂るの墓（2）	・朗読を聞いて、感想を発表し合うことができる。他の人の感想を過不足なくノートにまとめられる。 ・登場人物の会話の部分から、当時の暮らしの様子が説明できる。
	神戸大空襲（1）	・体験者の手記や写真により、神戸大空襲の様子を知ることができる。 ・空襲の様子を報告する文章が書ける。
Ⅱ	課題の決定（1）	・阪神、神戸における公共施設の戦争当時の様子について、「○○はそのとき」と題して、課題を焦点化できる。 〈予想される課題〉 ・王子動物園の動物　・図書館の戯書　・附属小学校の授業　・病院の医者や薬 ・酒蔵　・寺や神社　・消防署の活動　・美術館の絵や彫刻　・駅や電車の様子 ・三宮の高架下商店街　・百貨店
		・自分の調べようとした課題について、記録や資料を探すことができる。

学習活動	時間	目標
聞き取り	（2）	・聞き取りを通して「聞き書き」の方法を知る。 ・人の話を聞き取る時の注意点が挙げられる。 ・実際に話を聞いて、その要点がまとめられる。
聞き書き	（3）	・課題と取材対象が確認できる。 ・「ねらいを持って聞く」という取材活動が行える。 ・聞き取った内容を自分のねらいに沿って構成し、文章化できる。
一年生への報告	（1）	・これまでの学習内容や学習の経過、調査の方法等をわかりやすく説明できる。 ・パネルディスカッションの方法がわかる。
体験者に聞く	（1）	・神戸大空襲の体験手記を書いた人に直接話を聞き、その人らしさを再現するよう工夫できる。 ・「○○について尋ねよう」とはっきりした意識を持って取材できる。
平和を考える	（1）	・これまで聞いた話や取材した内容をもとに、自分の考えをまとめることができる。
学習の足跡	（1）	・「聞き書きカード」をまとめ、自分の意見をまとめて一冊の本に綴じることができる。
計16時間		

聞記事などを集めさせ、それらの資料から感じたこと、学んだことをまとめさせていった。また、共通の学習材として、教科書の『凧になったお母さん』（野坂昭如）や『火垂るの墓』（同）といった作品を取り上げた。

②「書く内容」の発見・拡充

聞き書きに発展させるために、随時、写真集や当時の新聞のコピー、ＶＴＲなど神戸大空襲に関する資料を与える。それにより、阪神・神戸での戦争に関してどんな記録があるか、何を知りたいかなどを焦点化させる。

③「書き方」の習得・活用

・身近な町の戦争について情報収集する取材活動にあたって、「～について尋ねよう」というはっきりした意識を持たせることに留意した。また、課題を決めるにあたって、「○○はそのとき」と題して「○○」の部分には公共の施設等を入れた。公共施設で働く人々が当時どのような思いで人や動物や物を救おうとしたか取材できる課題を設定させた。（表２「予想される課題」参照）。
・文章化するにあたっての参考としては、新聞記事の書き方とともに『黒い雨』（井伏鱒二）の文体を示した。
④「推敲・交流・評価・処理」
単元終了後に冊子をつくり、共有した。

(2) 手紙の実践

「書簡体小説」あるいは「書簡文学」というジャンルが存在するほど、手紙と文学の距離は近い。本稿では、その文学としての価値と同様に、いかに自己や他者と向き合って思索・内省を深め、それを表現するかが手紙の教育的意義と評価の基準だと考える。これについても、すでに本シリーズの『「書くこと」の学習指導』において、三浦和尚が報告している。[10] この中の田中宏幸の実践では、場の設定を重視した二つの試みが紹介されている。[5] 詳細は同書に譲るが、そのポイントは①場面設定の具体化、②虚構作文の活用、③返信から始める、の三点であった。これらはすべて、学習者を対話の場、あるいは一人称の語りの場に追い込むための仕掛けである。

このうちの「プロポーズへのお断りの手紙」の場合、求められるのは巧妙な言い訳ではなく、誠実に自分の立場を訴え理解してもらうことだ。将来自分も似た経験をするかもしれない、そういう共感の糸口が少しでもあれば、それは虚構ではなく実の場となりうる。もう一つの「出陣学徒の遺書への返事」の場合はさらに切実である。

遠藤瑛子の実践『『少年H』の時代」では、親子の往復書簡という試みを行っている。ここでは、少年Hの親子関係という作品世界の理解と、現実の親子の相互理解を相互作用的に深められ、学習者が作品の親子と同じ平面に立つことにより、平和つまり家族や地域の人々との平穏で日常的な生活、を破壊する戦争のむごさをより実感する。

B　遠藤瑛子「『少年H』の時代[11]」（中学二年）

（1）学習目標

①『少年H』や関連ある作品・VTRに関心をもち、すすんで話し合いに参加しようとする。
②自分の思いが伝わるようなことばを選んで、父（母）に当てた短い手紙を書くことができる。
③妹尾河童氏の生き方や父（母）の生き方を考えることによって、自分の意見をまとめることができる。
④書いた文章を読み返し、表記や表現について推敲することができる。

（2）学習指導計画　表2　＊原図はフローチャートで評価の観点も併記しているが掲載の都合上省略した。

（3）指導上の工夫

①書く場
読書会で少年Hと父の関係を話し合い、「字のないはがき」や『日本一短い「父」への手紙』で父の思い・子の思いを考察した。その上で、学習者の父へ「わが子に送る伝えたい思い」の手紙を依頼し、これに学習者からの返信を書くという場を設定した。
②「書く内容」の発見・拡充
・読書会を三回あるいは四回開き、他の学習者の読みにふれ、面白さを共有するとともに読みを深めた。
・「平和とは」というテーマで意見交換を行わせた。その中で自分たちの日常生活＝父と子や家族の関係へと視点の展開を図った。
・「父がわが子に伝えたい思い」として書いてもらった父親の手紙を読み、これにどう応えるか、考えさせた。
③「書き方」の習得・活用

表2

時	学習主題	目　　　標
1次 1時	事前調査	1．この単元に対する興味・関心はどの程度ですか。 2．『少年H』で一番印象に残っているのは何ですか。 3．『少年H』に出てくるお父さんの印象は。 4．あなたはお父さんとよく話をしますか。 　ア．する　イ．しない 5．話をする内容を書きなさい。 6．あなにとってお父さんの存在とは。
1時	少年Hの見た戦争・前編	1．妹尾河童氏が『少年H』を書いた動機が説明できる。 2．「少年Hの見た戦争」の前編を見て、感想をまとめることができる。
2時	少年Hの見た戦争・後編	1．「少年Hの見た戦争」の後編を見て、全体の感想を200字にまとめることができる。 2．戦争の時代を表現することばがノートにメモできる。
3時	読書会の準備	1．VTRを見た友だちの感想から、少年Hや父のとらえ方について自分と違う点が指摘できる。 2．読書会にむけて、話し合いのテーマと章を決定することができる。
4時	読書会（1） —父と子—	1．少年Hの人柄と父について、具体的な箇所を指摘した話し合いができる。 2．現代の父と子の関係について、自分なりの考えが発表できる。
5時 6時	読書会（1） 読書会（3）	1．テーマに基づいて、具体的な箇所を指摘した話し合いができる。 2．話し合った内容をノートにまとめることができる。
2次 1時 2時	［妹尾河童氏を知る］ 妹尾河童氏の生き方	1．妹尾河童氏の生き方をVTRで知り、感想を書くことができる。 1．『妹尾河童伝』を観て、節目になる出来事と大切なことばをメモすることができる。 2．妹尾河童氏の生き方について、感想を400字にまとめることができる。
3次	［父と子］	1．「字のないはがき」を読んで、末娘を思う父の気持ちについて、考えをまとめることができる。 2．「日本一短い手紙」の父への想いについて、感じたことがまとめられる。 3．父から子への手紙を読み、父への思いを30字程度で表現することができる。
1時 2時	「字のないはがき」の父	1．戦争を表すことばをノートに書き斜すことができる。 2．生き生きした視覚的な描写が指摘できる。 3．父への思いについて、集団で話し合える。
3時 4時	**『日本一短い「父」への手紙』**	**1．短い文章にこめられたそれぞれの思いについて、感想が書ける。 2．“わが子に送る父の思い”を読んで、“日本一短い父への手紙”とそれに添える文章を書くことができる。**
5時	まとめ	1．他の作品を読んで父の姿をまとめることができる。
4次 1時	あとがき	1．単元をふり返り、学習記録を読み直しているか。 2．手引きに基づいて、感想が具体的に書けているか。

（計14時）

『日本一短い「父」への手紙―一筆啓上』（大巧社、一九九七年）を参考例にする。

④「推敲・交流・評価・処理」

授業でいくつかを匿名のうえで発表した。また、授業の振り返りを「あとがき」という形で行った。

2　演じる ― 狂言　音声言語の芸術として

C　松浦理恵「狂言に挑戦「雷」「柿山伏」「附子[12]」」（中学一年）

これは教科書に採録された中学古典の導入教材であり、発表会は学習者たちの提案であったという。学習者たちが議論しながら演じ方を模索する姿は、協働実践としての解釈・創作行為そのものである。

（1）学習目標

①担当作品を読んで、狂言に興味を持ち、親しむ心を育てる。
②内容を理解するために旧仮名遣い、古典的な言い回しが理解できる力を育てる。
③他の狂言作品にも興味を持つきっかけをつくる。
④他の班と比較し、自分たちの狂言との違いの中に、気づかなかった部分を読みとる能力を育てる。

（2）学習指導計画（次頁表3）

（3）指導上の工夫

①演じる場

・狂言発表会を開く

②「演じる内容」の発見・拡充

・教科書教材「雷」「柿山伏」「附子」を学習材にし、最初に演じる役割を与えたことで、それぞれが真剣にテキストに向き合った。

③「演じ方」の習得・活用

・テキストを見ながら立つ位置や動きを考える、「狂言」のビデオを見ながら言い回しを研究する、など自分たちで工夫した。

④「推敲・交流・評価・処理」

・四つの班が、グループでの活動の中で演出についてそれぞれ議論を重ねた。また、これを互いに非公開とすることで、各班ごとの様々な工夫が生まれた。結果として、同じ演目でも演出が大きく異なり、双方ともに新しい発見があり、作品理解が深まった。

表３

段階	目標	学習活動　〔　〕内は時
課題の把握	狂言を知ろう。	1　狂言を知る。 ①　狂言「雷」を読む。〔1〕 ②　話の流れを確認する。 ③　ビデオ「狂言入門」を見て、狂言について知る。〔2〕
	担当作品を読み内容を理解しよう。	2　班に分かれ、担当する狂言を決める。〔3〕 ①　狂言「雷」「柿山伏」「附子・前」「附子・後」のそれぞれの話の大まかな筋を聞き自分たちの担当する作品を決める。 ②　担当作品を読み、内容をプリントにまとめる。 ③　役の分担をする。〔4〕 ④　読み合わせをする。 （個人の朗読・読み方の工夫）
課題の深化	狂言発表会へ多くの人を招待しよう。	3　招待状を書こう。〔5〕 ①　狂言発表会についての招待状を書く。
	狂言を演じてみよう。	4　実際に体を動かして狂言を演じる。〔6～9〕 ①　各四作品とも、A・Bの二つの班による競作とし、A・Bともに別教室で狂言の練習をする。 ②　まずは、せりふを中心に、実践工夫・実践をくり返す。 ③「狂言入門」のビデオを参考に立ち回りの練習をする。
課題の発展	発表を見て、作品をより深く味わおう。	5　狂言発表会〔10〕 ①　招待客の前で、狂言を演じることことができる。 ②　狂言作品それぞれの「笑い」の部分を理解することができる。

＊原図は指導のポイントも併記しているが掲載の都合上省略した。

3　サブカルチャーを楽しむ　―　歌詞

D　岡本利昭「総合単元学習　作詞をしよう」[13]（高校一年）

岡本利昭は「国語総合」において、古典を過去の先人達の「生きた証」とし、これを生徒が自らの日常と切り結ぶ仕掛けとして「作詞」を活動の目標に据えた（書く場を設定した）という。「作詞」という最終的な活動に至るまでには、「ラップ」、「プロモーションビデオ」といった、生徒にとって身近なサブカルチャーを古典のエッセンスとうまく結びつける工夫がなされている。また、『伊勢物語』や『竹取物語』、あるいは唐詩などを学習する過程で知った様々な作詩技法が、形を変えて現代の歌曲の中にも生きている実例を発見させている。

（1）学習目標

①古文・漢文を学習し、その知識を「作詞」という生徒の日常に還元する。

②「国語総合」の中での「話し聞き書く」活動を「作詞」に結びつける。

③形にならない自分の思いに「詞」と言う形を与え自己表現する。

（2）指導上の工夫

①「書く内容」の発見・拡充

「問題を見つけて、書く」ことを重視して行っている。

②「書き方」の習得・活用

自らの意見を表現し、助言添削され、級友からも批評されながら進んで行くのが基本的な授業の進め方である。

③「推敲・交流・評価・処理」

二学期後半から三学期にかけて、作詞を各生徒にさせ提出、添削を繰り返している。

一定水準以上の活動にはシール（岡本が特別に製作したもの）を与え、ポートフォリオ化している。

三　授業づくりのヒントやこれからの課題

冒頭で述べたように、本章では、文学の本道をいくものではないが創作としての要素を認めた方が指導上都合がよいと思われる言語活動を扱った。すでに指摘されていることだが、創作活動は単元学習と親和性が高い。創作活動は単元の中で、あるときは学習活動の目標となり、あるときは原動力となる。そして、あるときは学習課題に関する認識を深めるツールとして機能するのである。

紙幅の都合で掲載を見送ったものもいくつかある。たとえば、時事川柳である。この「文芸」は批判的思考（認識）でものごとを捉え、異化の作用を用いて笑いに変えてしまう。同じベクトルの先には「パロディ」などもあるだろう。サブカルチャーの導入については、町田守弘の研究・実践に学ぶところが大きい[1]。我々も学習者の実態把握という観点から、流行にアンテナを張ってアップデートしておく必要がある。一方で、学習活動の不易の部分を押さえておくことも肝要であろう。

中井浩一は聞き書きの前後において、その動機付けと感想を書く（振り返りをさせる）ことの重要性を指摘している[6]。この振り返りや、完成作品のパフォーマンス、まとめとしての創作活動、協働創作の中の議論、これらのいずれにも「評価」は内在している。しかし、武藤清吾が指摘するように[14]、ここはいまだ未開拓の分野である。特に、対話や協同性を活かした創造性や感性を育む評価の方法について、研究の必要があろう。

注

(1) 町田守弘『国語教育の戦略』東洋館出版社、二〇〇一年
(2) 草野十四朗「同級生・語り部・記念館―他者理解から文化参加まで」『両輪』三十三号　両輪の会　二〇〇一年
(3) 武藤清吾『芥川龍之介編『近代日本文芸読本』と「国語」教科書　教養実践の軌跡』溪水社、二〇一一年
(4) 浜本純逸『国語科新単元学習論』明治図書、一九九七年
(5) 田中宏幸『発見を導く表現指導―作文教育におけるインベンション指導の実際』右文書院、一九九八年
(6) 中井浩一・古宇田栄子『「聞き書き」の力――表現指導の理論と実践』大修館書店、二〇一六年
(7) 古宇田栄子「連載講座　聞き書きの魅力と指導法②」、『月刊国語教育』東京法令出版、二〇〇九年八月号
(8) 坂口京子「「話すこと・聞くこと」との関連指導」『中学校・高等学校「書くこと」の学習指導――実践史をふまえて――』溪水社、二〇一六年
(9) 唐崎雅行『情報活用能力を育てる新単元学習』明治図書、一九九八年
(10) 三浦和尚「実用的文章」の指導『中学校・高等学校　「書くこと」の学習指導――実践史をふまえて――』溪水社、二〇一六年
(11) 遠藤瑛子『人を育てることばの力』溪水社、二〇〇三年
(12) 松浦理恵「狂言に挑戦「雷」「柿山伏」「附子」」安河内義己『「活動単元」による中学校国語科新単元学習』明治図書、一九九九年
(13) 岡本利昭「総合単元学習　作詞をしよう」『両輪』三十三号　両輪の会　二〇〇一年
(14) 武藤清吾「小説・物語・脚本を書く」『中学校・高等学校　「書くこと」の学習指導――実践史をふまえて――』溪水社、二〇一六年

V 海外の文学創作の学習指導（イギリス・ベトナム・中国）

第一章　イギリスの創作指導

中井　悠加

一　イギリスの創作指導について

イギリスは、何世紀にもわたり世界的に有名な作家を多くうみだしている、言わずと知れた文学大国である。そして、文学世界を創造する道は決して特別な才能を持った少数の「特別な人々」だけにとどまらず、イギリス全土を通して多くの人々に開かれている。創作をしてみたいと望む人々には多くの機会が提供され、実際に作家や詩人、脚本家として活躍する者がチューターを務める講座が全国で組織的に運営されたり、学校にそうした作家が訪問して読み聞かせやワークショップなどを通した子どもたちとの交流の機会が設けられたりすることも珍しくない[(1)]。

イギリスでは、古くから人とのかかわり合いを重視する教室作りが重要視されてきた。それは創作指導の場合も同様であり、創作の授業は基本的に次のようなワークショップ形式で展開されることが多い。

1．積み重ね（Build-up）：創作に向けた様々な刺激となる時間

2．集中して書く（Concentrated-writing）：一〇分程度の短時間で書く時間

3．読み上げ（Read-back）：読んで共有する　（Yates, 1999 13-14）

こうした創作ワークショップが長い間愛され、教室に取り入れられる一方で、現代のイギリスは厳しい試験主義となっていることも事実である。特に中等学校では、義務教育終了時に受ける義務教育修了資格試験（ＧＣＳＥ）の内容が学校での学習内容を大きく決める。この試験は、日本で一般的に行われるような時間制限のある筆記試験に加えて、二年間をかけて作成するポートフォリオも評価対象となる。そのため、その課題に応えるための学習が日々の授業で展開されるのである。そのひとつに「クリエイティブ・テクストを作り出す」という課題がある。この課題のもとで、生徒は授業の中で、自分自身で創作を行う学習を進める。

本章では、「積み重ね」にあたる創作の刺激となる活動と、「読み上げ」にあたる交流部分に焦点をあてた実践を、詩創作指導を中心に取り上げる。その選定には、主にイギリスで多くの実践者に長く支持され続ける代表的な実践家の実践を取り上げる。さらに、ＧＣＳＥの学習として扱われるクリエイティブ・ライティングの実践として、多くの学校が授業づくりの参考にしている教科書の内容を見ていきたい。[2]

二　刺激を積み重ねる時間

1　サンディ・ブラウンジョン（Sandy Brownjohn）の実践：ことばに再会する詩創作指導

元国語教師であるブラウンジョンの詩創作指導は、ことば遊びをはじめとした詩の表現技法や形式に着目した創作アイディアに基づくものである。ことばの形式に焦点が当てられていることから、ナンセンスな詩ができあがることが多い表現方法であることに特徴がある。そのようなブラウンジョンの実践の根底には、普段何気なく使っていることばと「再会する機会」を生徒に与えたいという思いがある。

そして彼女は、ありとあらゆる形式・技法が複雑に織り込まれた総合体として一編の詩が存在しているという事実が教師の自信を失わせる原因と捉えた。その一つ一つの要素を分解して、全てをミニレッスンのように短く簡単なものへと再編成したことに彼女の功績がある。その手の届きやすさは、一九八〇年に最初の著作[3]が出されて以降、未だに多くの教師に愛され実践されている理由のひとつであるといえる。

実践1　炎のしっぽを持つクジャク：ことばの並び替えによる異化体験

この活動では、まず表上段の詩を生徒に提示することから始められる。この詩は、イギリスの伝承童謡であるナーサリー・ライムの中の一編である[4]。この詩は、全て「～を見かけた…」という形になっているが、それぞれの行で「見かけた」ものは全て実際には存在しないような「想像上の超現実的幻想空間」ばかりであることが分かる。注意してよく読むと、日常のごく普通の出来事を描いた文を前半と後半に分け、後半行を一行ずつ前にずらして作られた文だということに気づく。ブラウンジョンは生徒にそのからくりに気づかせることでこの詩の面白さを知らせる。後半の修飾部分を次の行にずらすというたった一つのルールに従って想像的な世界を作る活動にうつる。

①身のまわりの物を「～を見かけた　○○○」という形の文でいくつか集める。（例：バラの木を見かけた　枝を伸ばしていた／おかしな男を見た　大声で叫んでいた）

②前半と後半を一行ずらしながら紙に書き連ね、最後の行は最初の行の前半に組み込む。

生徒作品例は表下段の通り。日本語でも十分試してみることが可能だが、①の時点で後半の修飾部分に主語が入ってしまわないよう注意したり、並べる順番を吟味したりといった工夫によって、より楽しい組み合わせを作る創作体験にすることが可能である。

クジャクを見かけた　炎のしっぽを持ってる
ほうき星を見かけた　あられがいっぱい降ってる
雲を見かけた　ツタをぐるぐる巻き付けた
木を見かけた　地面をぞろぞろ歩いてた
アリを見かけた　クジラをどっぷりと飲み込む
海を見かけた　ビールがたっぷりとあふれる
瓶を見かけた　深さが十六フィートもありそうな
井戸を見かけた　涙が今にもこぼれそうな
目玉を見かけた　火事で燃えてた
家を見かけた　月くらい高くに出てた
太陽を見かけた　こんな真夜中に見かけた
男を見かけた　こんな素晴らしい景色を見かけた。
(Opie and Opie, 1951 405)

炎を見かけた　枝を伸ばしていた
バラの木を見かけた　大声で叫んでいた
おかしな男を見かけた　高く舞い上がっていた
ツバメを見かけた　嘘をつき始めた
神経質な目撃者を見かけた　深く泳いでいた
サメを見かけた　眠りについていた
小さな子どもを見かけた　飛ぶ勉強をしていた
小鳥を見かけた　空を切り裂いていた
稲妻を見かけた　ろうそくでできていた
男を見かけた　ありえないこの景色を見ていた
レイチェル・メイヤーズ
(Brownjohn, 1994 77)

2　クリフ・イエイツ（Cliff Yates）の実践：作家のように書く経験をする

中等学校の国語教師であり、詩人でもあるイエイツの著書*Jumpstart: Poetry in the Secondary School*（『ジャンプスタート：中等学校における詩』）は、最もイギリスの教室で使われている詩創作指導本の一つである。イエイツ自身、他の多くの教師と同様に、教壇に立った頃はまだ詩創作に自信を持てなかった中、イギリス全国で広く開かれている詩創作ワークショップに何度か参加して、プロの詩人から教わった。その中で、教室でも使える詩創作方法を書き留めてきた。そうした自分自身の体験から、同じように「生徒にも作家のように書く体験をして欲しい」（Yates,

2014 51）という思いが彼の指導理念に表れている。

実践2　フリー・ライティング：創作に飛び込む

創作の時間の冒頭で、必ずイエイツは「フリー・ライティング」から始める。これは、与えられた数分間に一度も止まることなく手を動かし、成果を期待することなく何かを書き続けるウォーミングアップの時間である。書くことそのものに慣れること、脳を活性化させることに加え、そこで思いもよらない方向性を指し示してくれるようなアイディアが出されたり、それがその後に続く創作に続いたりする可能性もあるというブレイン・ストーミングの役割も果たす。このフリー・ライティングは次のような手順と約束のもと、毎回行われる。(5)

① **生徒にアイディアのきっかけとなるような「書き出し」を与える。**これらは教師自身が用意したフレーズでも良く、また小説や詩集などの一節から引用して生徒に与えることも効果的だとされる。

例：「それは雨が降り出した時だった…」「突然、大きな音が聞こえて来たのだ…」

大急ぎ

私は覚えている　夏の熱いにおい
朝のカーテンの隙間から射す
光の中で舞うほこりを　見つけたこと。
（中略）
私は覚えている　レンガ池の上に立ったこと
こらえきれずに　いちご味に笑い転げたこと
スティーブおじさんが抱き上げてくれた　落ちちゃう前に
魚と一緒に泳いで　水の下で息をする前に
魔法みたいに。
私は覚えている　ある日　あなたが落ちたこと
落ちたこと　毎日毎日熱心に
人魚になれますようにとお祈りしていた二段ベッドから
今はもう　きっと持っているね
変身して　しなやかなしっぽをはやす力を。
（後略）

アグネス・ランバート
（Yates 2014, 52-53）

生徒作品例：第十学年（日本の高校一年生にあたる）

「口にすべきではないのかもしれないが…」「先週の今頃…」「私は覚えている…」

② **一度書き始めたら時間になるまで手を止めない。**行き詰まったら「行き詰まった。行き詰まった」と何度も書けばよい。意味を成さないとしても「書き続けること（to keep going）」（Yates, 2014 52）が重要である。

③ **ページの端まで書いてしまわない。**端まで行きそうになったら適度な箇所で改行する。そうすることで何となく詩に見えることに慣れる。

④ **不安にならない。**フリー・ライティングで書かれたものをクラスの前で発表したり誰の書いたものかを公表されたりすることはないということを生徒との間で約束する。

実践3　**家具ゲーム：比喩の学習として**

この活動は、最初はサンディ・ブラウンジョンによって開発された比喩の学習をねらった創作練習であり、その後イエイツを始め多くの実践家によって試され、効果を確認されてきたものである。次のように展開する。

① クラスもしくはグループの誰もが知っている人物（クラスメイトや教師、有名人や歴史上の人物、キャラクターなど）を一人思い浮かべる。

② クラスやグループの残りのメンバーは、次のような質問を回答者に投げかけてその人物を推測する。
質問例：その人がもし家具なら／乗り物なら／風景なら／飲み物なら／音楽なら／建物なら何か、等

③ ヒントとしては、男性か女性か、存命か故人かという情報のみが与えられる。

④ 実在する人物でも、虚構の人物でも構わない。

⑤ 回答者が「パス」することは禁じられ、頭に思い浮かんだ物を即座に答える。

お互いに知っている人物を全く別の物として表現することで直喩の練習をしながらゲームを楽しむ活動となって

いる。質問——回答の形式が明確で、必ず全員が最後までたどり着くことができる。さらに、出てきたアイディアをもとに修正・編集を加えることも可能である。

イエイツは、こうした活動の中で様々な角度からの様々な素材を少しでも多く生徒に提供することが大切であり、その中から一つでも何かが生まれればその生徒にとって成功だと捉え、次のように述べる。

> 生徒に対して、彼ら自身の方向性を見つけて自分のしたいように書くことに没頭できるような十分な余地と自由を与えることは重要である。（中略）誰かにとっては書くのに成功するエクササイズもあれば、あなたにとっては機能しないものもあるだろう。それは若い子どもたちにとっても同じである。そのため、私はいつも学校を訪問した時はひとつのワークショップの中で少なくとも三〜四種類のエクササイズを行うようにしており、また生徒には必ずしもこれらのエクササイズが「うまくいく」わけではないと伝える。もしその中で一つでも何か書けたら、十分成功なのである（Yates, 2014 54）。

このように、教師から提供される創作方法や素材は、生徒がことばで広げる想像世界を開く「刺激」である。授業の中ではそうした「刺激」から着想を得て、生徒の頭に浮かぶアイディアがあたたかいうちに「集中して書く」時間へと続く。そこで生まれた「詩の下書き」をいかに書き直していくかということに焦点が当てられるのが、その次の「読み上げる（交流）」である。

三　読み合って反応を共有する時間

1　スー・ディモク（Sue Dymoke）の実践：自分の「詩の下書き」を見る目を養う

ディモクは、元中等学校の国語教師であり、現在はイギリスの詩創作指導研究を牽引する研究者である。ここで取り上げる実践は彼女の中等学校教師時代のものからであり、すでにＧＣＳＥをはじめとした試験のプレッシャーと詩創作指導の教育的価値との狭間で生み出されたということをよく物語っている。彼女は、前項で紹介したブラウンジョンやイエイツの著作も多く参考にしており、ここではそれらの創作アイディアから生まれた「詩の下書き」を授業の中でどのように発展させていくかという問題を取り扱う。実践が紹介されたディモクの著作*Drafting and Assessing Poetry*（『詩の下書きと評価』）という名前が示す通り、彼女の問題意識は「生徒が書いた詩の評価」に向けられているが、ただ作品の優劣を査定するのではない、支援としての評価・指導と一体化した評価の姿を見せてくれる実践となっていることが特徴である。

2　下書きノートの準備：発想のかけらを書きとめる場所

まず、生徒は個々人が1冊ずつ「下書きノート」を用意する。全員が内表紙に次のような内容が書かれたガイダンスを貼る。①「一時的な走り書きのメモ、考えのリハーサルのためのスペース、削除線、丸で囲まれたことば、フレーズとフレーズをつなぐ矢印、未完成のフレーズ、略図、マインドマップ、図表、異なる色のペンで書かれた箇所、雑誌の記事などの散文のブロック、最初の下書きや下書き直しなど」（Dymoke, 2003 50-51）といった下書きが記されること、②ノートの所有者の名前、③所有者のパートナーは誰かということ。こうした情報が、ノートを手に取る可能性のある教師、生徒、保護者などにすぐに分かるようにすることが重要だとされる。

そして、前項までにすでに示してきたような表現アイディアを「刺激」として、生徒が書き始めた時、教室の中で教師や生徒同士で支援し合いながら書き進めていく場として下書きノートが常に使用される。

3　支援としての評価のあり方①：教師からの支援

下書きノートに書かれた生徒の詩の下書きをさらに発展させるため、教師からある一定部分に焦点化させることで、書く内容を膨らませたり絞ったりしながら修正するきっかけを与える質問を投げかける。これは書いている最中での声かけとしても、生徒が下書きを見せに来た場合にノートにコメントとして残すことも可能である。その質問例は次の通りである。生徒の下書きの様子に応じたコメントが提供されることが推察できる。

・これらの行を違う並べ方に置き直してみるのはどうですか。
・いくつかの行を、この二つの行のようにもっと短くしてみるのはどうですか。
・この部分は、声に出して読んでみた時にどのように聞こえるでしょうか。読んでみてください。
・「そして（and）」をこんなにたくさん使う必要があるでしょうか。
・現在時制で書いてみるというアイディアを知っていますか。
・この部分でどのように感じたかということについてもう少し詳しく書けますか。
・どんな匂いがしただろうということを、読む人が想像しやすくするにはどのように書きますか。
・この詩の中でどの行が一番好きですか。その行から、他の行に使えるアイディアやことばがないでしょうか。

（Dymoke, 2003 49）

4　支援としての評価のあり方②：反応パートナーとの相互支援

これは、生徒同士でノートを交換して反応しあうために準備される活動である。反応パートナーがきちんと機能するために、ディモクは次のような原則を示している。

・学年の始めに反応パートナーを決めることで、パートナーの成長を観察することを可能にする。
・自分の反応に責任を持つために、二人組が理想的であるが、三人組も可能である。
・相手に対して創造的で受容的、正直で、また支援的であることが求められる。（Dymoke, 2003 50）

生徒は自分たちの下書きノートの裏表紙に、下のような「反応ガイドライン」を貼り付けてクラスで共有する。このガイドラインを常に手元で見ながらペアで詩へ反応し合うことができるように、相互支援の手掛かりを与える意味を持つ。これは、後に自分で自分が書いたものを推敲し書き直していくための力の素地ともなる。そのためにディモクは、反応パートナー同士でお互いの詩を音読し合うことも推奨する。そうすることで、「書き手に自分の詩から距離を置かせる」（Dymoke, 2003 49）ことにつながり、

反応パートナーへの反応の仕方

・下書きをお互いに読み合いましょう。とても注意深く聞きましょう。下書きを交換して、パートナーの作品を、コメントをつける前に少なくとも二回は読みましょう。
・コメントは口で言っても書いても構いません。（書かれたコメントは、パートナーが後で振り返るのに役に立ちます。コメントを書く時は鉛筆で書きましょう。）
・詩の中で好きだと思うところを二つ見つけて、その理由もつけましょう。
・よく分からなかったと思うところを二つ見つけて、その理由もつけましょう。
・詩の中であまり正しいように思われないことばがあるところはどこでも、波線をつけましょう。
・もしもっと何か付け加える必要があると思った箇所には、その部分に矢印をつけましょう。
・タイトルにもコメントをしてみましょう――そのタイトルは詩に合っていますか？
・それではパートナーと自分のコメントを共有しましょう。正直に、そして支援的でありましょう。あなたがつけたコメントについての理由をつけましょう。

（Dymoke, 2003 49より一部抜粋）

相手の声を通した自分の詩について、書いている時には気づかなかった箇所に焦点化することを可能にし、生徒にとっての推敲の機会をより広げる効果があるといえる。

5　支援としての評価のあり方③：ひとりひとりの自己調整力

教師からの支援、相互支援に慣れてきたら、生徒がひとりひとり自分で書いた詩を振り返り、読み直したり書き直したりするきっかけを提供するような質問が記された「カンファレンス・カード」を生徒に配る。生徒はそれを参照しながら書くことができる。これは「集中して書く時間」にも機能するだろう。与えられた質問の中から自分

音

- 下書きを声に出して読んだ時、残りの部分とは違って聞こえるような行はありますか。
- どの音が好きで、それはなぜですか。どの音が好きではなく、それはなぜですか。
- ことばを繰り返していますか。その繰り返しはどんな効果を持っていますか。
- 場違いのように響くような行やことばの組み合わせはありませんか。
- あなたの詩のリズムは何に似ていますか。
- 一行にことばが詰め込まれすぎてはいませんか。
- もし韻を使っているなら、その韻はうまく配置されていますか。あなたの詩の主題に合っていますか。

形式

- ページの上の下書きの形について気づいたことは何ですか。
- どのような種類のことばや行のパターンを使いましたか。それらはきちんと機能していますか。
- 最初の行は、詩の始まりに最も良いものですか。
- それぞれの行の最初と最後のことばを注意深く見てみましょう。読んだ時にインパクトがありますか。
- あなたの詩の節を動かす必要はありませんか。
- 行を付け加える必要はありますか。どこに加えますか。
- 行を削る必要がありますか。どこを削りますか。
- 定型を使っている場合（ソネットやハイク、バラッド、図形詩、ビラネッラなどのような）、あなたがその定型を効果的に使っているかどうかということについて考えましょう。それは、あなたの主題にとって最も良い形式の選択でしょうか。

飛ぶ鳥

水の真上を　僕は滑空する
気の抜けたつばさを広げて
しかし暗闇は僕の世界を帯状に包み込む
混沌は静寂に代わり　空はその形を問い直す

氷の突風に乗り
僕は海の溝を疾うと通り過ぎる
沸騰した水が睨みをきかせ
獲物を求めて宙を手探る

遠く眼下の　削がれた黒の輪郭は
非難の波にたたきのめされる
僕は漂う　冷酷に　遠くから
生きた漂流物が飲み込まれる

空と海との隙間は消えて無くなる
たぐいまれなるトリックによって
僕は僕を求めてはいない宙をかき分けて進む
唄歌うすすり泣きが僕の頭に広がる

自身で修正に反映させるような着眼点を選ぶことが必要となる。「カンファレンス・カード」の質問例は「音」「形式」のように種類で分かれ、今自分が着目して修正をする側面はどれかという判断材料ともなっている（Dymoke, 2003 51-52）。

6　ポートフォリオ：自分の学びを振り返る

このようにして書きためたたくさんの詩の下書きは、ポートフォリオとして年間を通して蓄積させていく。その中に入れられる下書きは完成している必要はなく、文字通り「書いている途中」の状態のままでも良い。そして、年度末にクラス全員で締め切りを決め、蓄積してきた数々の下書きの中から何編か選んで自分自身の詩集を作成する。その時、選定と編纂には次のような約束事を決める。

① 選んだ詩と詩につながりを持たせる（似たタイトル、似た形式など）。
② 書く時にモデルとした詩人の詩とそれを選んだ理由、それを使って自分はどのように詩を書いたのかという過程について説明を添える。
③ 収録した詩を表すようなイラスト、詩集全体のデザインや

未熟者はもがき落ち
命は窒息する　海淵の息の詰まる静けさに
原子の騒乱　破壊への没頭
けれど僕は抵抗する　嵐の無力な激情に

雲の深みから　太陽の光がさし
混沌の支配を切り裂く
栄光の炎の中に破壊者は消えていく
水は油のようななめらかさへと静まる

取り戻した平穏で　狭い心を忘れる
けれどそれは僕ではない
気の抜けたつばさを広げて
僕の完璧さは揺るぎない

僕は僕の旅路を続ける

トム・ホプキンズ
(Dymoke, 2003 54-55)

■ 視点や場面の選択とその理由　「僕は海で起こる嵐について描写する観察者になりたいと思いました。海に設定したのは、海の嵐はドラマティックだからです。(中略) 一番はっきりとした視点は、「鳥の目」という視点

装丁を決める。

④　自分の詩集についての紹介文も収録する（詩集にそれらの詩を収録した理由や一年間で学んだこと含む）。

こうしたコメントを添える力をつけることも、これまでに示した支援方法は役立つと考えられる。特に、モデルの詩に着想を得て書いた詩について書く場合は、どこから影響を受けてどのような過程を経て自分の詩が完成したのかということを説明する力が求められる。その時、自分の下書きノートの軌跡を見れば、詩を書いている過程についてカンファレンス・カードやパートナーとの交流時のメモと一緒に振り返ることができる。例えば、上記の「飛ぶ鳥」を書いた生徒は、自分の詩とその過程について極めて批評的な説明文を添えた。紙幅の関係で一部抜粋しながらではあるが紹介したい。

■ 書くきっかけについて　「詩を書く時に、僕は二つの詩から発想を得ました。テッド・ヒューズの「風」と「ねぐらにつく鷹」です。僕は特に、風景に感情を与えるために擬人観を用いた方法に影響を受けました。」

でした。嵐を見下ろして描写し、どのように嵐が他の生物に影響を与えるかということを眺めることも自由にするからです。」

■人称と構造の選択とその理由　「僕はヒューズの詩に使われている一人称を自分の作品にも使って観察者をつくりあげようと決めました。（中略）両方の詩は四行律で書かれていますが、僕は、インパクトを出すために最後の一行だけ変えてこの構造を適用させようと決めました。」

■技法の選択とその理由　「頭韻法も使いました。」「ヒューズはどちらの詩でも一度も繰り返しを使っていませんでしたが、僕は「気の抜けたつばさを広げて」という連を繰り返して、嵐の前に鳥が休んでいて少しも怖がっていないという発想を強調しました。」

■詩全体に対する思い　「気づかないうちにこの作品の中にたくさんの自分自身を取り込んでいたと言えると僕は思います。（中略）僕はこの詩は、現代社会に対する僕の意見を部分的に反映したものだと思います。」(Dymoke, 2003 55-57)

四　クリエイティブ・ライティングの教科書：クリエイティブな思考を促すレッスン

イギリスの中等学校では、GCSEにおいて「クリエイティブ・テクストを作り出す」という課題が出される。与えられる課題に対する総執筆時間は四時間とされ、最終的にその創作文の提出を目標としたレッスンに二年間をかけて取り組むこととなる。試験という形ではあるが、与えられる課題そのものがクリエイティブな思考を促し、また生徒にとっての発想や想像的世界を広げる「刺激」として機能する。

1　映画やテレビドラマの原作をめざす

課題　次の設定のうちひとつを選び、映画の原作になるような短編物語を書きなさい。
・森　・都市　・教会　・ショッピングセンター（CGP 2010, 142）

右の課題のように、映画やテレビドラマなどに映像化されるという条件や、それを読むディレクターという読み手を想像させることで、おのずと場面や登場人物についての詳しい描写を必要とする。それに対して、教科書では次の点に留意しながら書くことを示唆する（CGP, 2010 136)）。

・ディレクターが映像を作る時に使えるような視覚情報を詳しく書く（例：「一八七九年秋、ある霧深い深夜のブリストルにて…」）
・主要人物について描写する（例：「いつものように、彼はおんぼろの茶色いコートを羽織っていた。」）
・回想シーンを入れるなどして、他の場面も設定する（例：「ちょうど2ヶ月前のミュンヘンにて…」）

2　書き出し／締めくくりから着想を得る

課題　次の一文で終わる描写文を書きなさい。
「その後、何事もまた同じではないのだということを私は知ったのだ。」（CGP 2010, 142）

この課題のように、与えられた一文を見て、そのテーマや目的、形式、読み手を解釈する練習も行われる。例えばこの課題では、①目的：描写・情報提供、②形式：一人称語り、③読み手：一般読者、という解釈をした上で、この一文で終わるような描写文を書くことが求められる。このような設定が、子どもたちの想像力を刺激し、創作の世界を開いていく「書き出し」の支援と捉えることは十分可能である。

五　授業づくりのヒントや課題

　以上のようにイギリスの創作指導を見ていくと、ミニレッスンとしてたくさんの「書き方」を経験し、積み重ねていくことが授業の主要な役割であり、そのための「読み方」「直し方」も丁寧に教えられるという特徴が見て取れる。そのために、一見すると詩にしても物語創作にしても創作技術や形式を教え込んでいるようにも受け取れる。しかし、第一の目的となっているのは、それぞれの技術を習得することではなく、なるべく多くの表現の選択肢を蓄積することである。それは、常に時間内の完成をめざさないこと、直し続ける機会を与え続けることという書く実践に通底する理念にも表れている。それは創作指導に対する不安を教師からも子どもからも取り除く機能を果たしている。

　たくさんの表現方法を試すことで、生徒が普段生活している現実世界をことばの中で変化させ、その中で新発見と再発見を繰り返すのがイギリスの創作指導なのだといえる。その表現方法や変化のさせ方を教師から提供し、それぞれが歩んできた試行錯誤の過程を教室で共有しながら、また次へのきっかけを共につかみ合うというサイクルを教室で生じさせることが大切にされている。そして、そこで様々な技法や形式の総合体として生み出される自分の創作物を、いかに客観的に振り返り、意識的な選択ができているかということを表明できるというメタ的な次元が評価の対象となっている。

　こうした創作の時間に身につけた力は、読みの力にも結びついていくことがめざされている。こうして、生徒の表現力の幅を広げていくと同時に、彼らの文学の世界を開き、その世界に浸ることのできる力へとつながっていく構図がうかがい知れる。

注

（1）拙稿「ワークショップ型詩創作指導による学びの形成：Arvon Foundationの取り組みの検討から」『学校教育実践学研究』（広島大学大学院教育学研究科附属教育実践総合センター、二〇一六年三月）を参照していただきたい。

（2）CGP, 2010 pp.136-143.

（3）Brownjohn, Sandy. *Does it Have to Rhyme?: Teaching Children to Write Poetry*, London: Hodder Education, 1980.ブラウンジョンの指導アイディアについては、拙稿「現代イギリスにおける詩創作指導の理論と実践：Sandy Brownjohn's *To Rhyme or Not To Rhyme?* (1994) を中心に」『広島大学大学院教育学研究科紀要　第二部　文化教育開発関連領域』五九号、pp.161-170にもいくつか紹介されている。

（4）谷川俊太郎訳『マザー・グース　3』（講談社文庫、一九八一年、p.86）では、「いけをみかけた　かじでもえてた」で始まる、同じ方法で書かれた別の一編を読むことができる。

（5）Yates, 1999 pp.105-106およびYates, 2014 pp.51-52　より筆者がまとめたもの。

主要引用文献

Yates, Cliff. *Jumpstart: Poetry in the Secondary School*. London: The Poetry Society, 1999.pp.105-106

Yates, Cliff, Inspiring Young People to Write Poems, (in) Dymoke, Sue and Barrs, Myra and Lambirth, Andrew and Wilson, Anthony, eds. *Making Poetry Matter, Transforming the Poetry Classroom*, London: Bloomsbury, 2014.

Brownjohn, Sandy. *To Rhyme Or Not To Rhyme?* London: Hodder Murray, 1994.

Dymoke, Sue. *Drafting and Assessing Poetry*. London: Paul Chapman Publishing, 2003.

CGP. *GCSE AQA English Complete Revision & Practice*, Newcastle Upon Tyne CGP, 2010.

第二章　ベトナムの中等学校における創作指導

グェン　ド　アン　ニェン

はじめに

ベトナム人の考えでは、詩を詠んだり、物語を書いたりできることは「文学才能」がある人の特権だということになる。この「文学才能」は生まれつきで、いかに学校で上手に勉強ができても、「文学才能」がないなら書けるはずはないという考え方である。または、「文学」というのは「感情」により書かれるもので、教わって書く「技術」ではないものだと、ほとんどのベトナム人は考える。しかし、ハノイには「文章を書き教える学校（Trường dạy viết văn Nguyễn Du）」（文化大学所属）という学校がある。そこでは、「文学才能」がある大学生以上の人達が選ばれ、創作活動を行う。もちろん、書く技術も教えられる。つまり、ベトナムでは「創作活動」の指導がないわけではない。ただし、小・中・高等学校では行われているのか、行われているのであれば、どのように行われているのかが問題である。本稿では、中学校について調べた結果を紹介したい。

一　ベトナムの教育制度と現況

まず現在のベトナムの教育制度の概略について紹介したい。初等教育は六歳から始まり、小学校五年間、中学校四年間、高等学校三年間の十二年間制で、小・中学校の九年間は義務教育である。基本的に、教科書から卒業試験・入学試験の問題まで全国的に統一されている。教科書を出版できる権利はベトナム教育出版社（Nhà Xuất bản Giáo dục Việt Nam）のみにある。学年は九月五日から始まって、一学期と二学期に分けられる。再試験や留年があり、また「語文（Ngữ văn）」（日本の中等学校における教科「国語」）、数学、英語は重要な教科として、点数も二倍に計算されており、小学校一年からの激しいプレッシャーにベトナムの子ども達は慣れている。校舎や教員が不足で、多くの学校は午前、午後の二部制である。先述したように、小学校と中学校の九年間は義務教育だが、農村地方や山岳地方では徹底されていないのが現状である。再試験や留年の制度があると述べたが、ここ数年、学校・教師等の名誉を守るため、文字はまだ覚えていなくてもそのまま進級させられる子どももいる。つまり、開発途上国の中では識字率が非常に高いと言われているベトナムだが、実際の識字率には問題があると言わざるを得ない。

一方、ハノイ、ホーチミン市等の大都市ではインターナショナルスクール、塾等に子どもを通わせる親が急増している。特に夜間外国語センター（外国語学校）が普及して、週に三回外国語（特に英語）クラスに通う児童生徒、労働者は少なくない。

留意しておきたいのは、これまでに述べた「重要な教科」や「点数制度」、そして「学歴社会」のキーワードだ。特に、日本の教育制度からみると、点数が二倍に計算される「重要な教科」というのは初耳であるかもしれない。この「重要な教科」として、「語文」、「ベトナム語（Tiếng Việt）」（日本の小学校における教科「国語」）という教科は毎年ベトナム教育におけるすべての人に影響を与えているのだ。では、まず手元にある「語文」教科書や「語文」教師用参考書をもとにして、ベトナムの中等学校の「語文」教科について述べたい。

二　ベトナムの中等学校の「語文」教科における「創作学習」について

まず、日本の小学校六年生に相当するベトナムの中学校一年生である六年生（以下ベトナム制度に沿って、六年生、七年生、八年生、九年生という）の「語文」教科書の目次を見ておきたい。

1　六年生

六年生の「語文」教科はテスト、練習時間を含めて、三十四課ある。一課の構造は、教材文↓難しい単語の解説↓教材文についての質問↓練習という各部分に分けられる。単語学習を終えると、児童は情報を伝える文章二種類を学ぶ。最後に、比較、隠喩、擬人法や換喩の四修辞技法を習い、表現技法を高める。一年間を通して、物語文や描写文を学習する。

一学期の最終課は「語文活動（Hoạt động ngữ văn）」で、学級単位で生徒が好きな昔話、童話、物語などを暗記ではなく、自分の言葉で話す言語活動である。目標としては、クラス全員参加することや生徒が正しく発音し、堂々と話をし、聞き手を魅了できるようにアクセント、強調などの表現効果を活用することなどがあげられる。

二学期にあたる二回目の「語文活動」の二十六課では、「五言詩を作るコンテスト（Thi làm thơ 5 chữ）」という題目がある。それまでに、生徒は「四言詩」についてしか学習しなかった。この「語文活動」で児童生徒が求められているのは次のような活動だ。

＊自宅での準備：（1）引用された五言詩を読んで、質問に答える。

質問：a）二十四課で、四言詩を学習しましたが、この詩から、五言詩の特徴を述べなさい。

b）引用された詩以外、他の五言詩を知っていますか。それらを書き写し、特徴を述べなさい。

（覚書：五言詩は毎行に五言ある詩体で、三・二か二・三のリズムがある。詩の韻は必ず連続しなければならないこともなく、句の数も決まっていない。ひとつの詩は一般的に、段に分けられて、各段には四句あるが、二句の場合もあるし、段に分けられていないこともある。）

（2）五言詩についての知識から

a）引用された詩を真似し、一編の五言詩を創りなさい。

b）教室でのコンテストに参加するために、五言詩を一編、あるいは自由に創りなさい。

第１段

Anh đội viên nhìn Bác / Càng nhìn lại càng thương / Người Cha mái tóc bạc / Đốt lửa cho anh nằm

Rồi Bác đi dém chăn / Từng người từng người một / Sợ cháu mình giật thột / Bác nhón chân nhẹ nhàng

Anh đội viên mơ màng / Như nằm trong giấc mộng / Bóng Bác cao lồng lộng / Ấm hơn ngọn lửa hồng... (Minh Huệ)

（大意：ホーおじいさんが、青年団員達の眠りを優しく見守っている。その姿を見て、一人の青年団員が感動し、心境を語った。）

第２段

Mỗi năm hoa đào nở / Lại thấy ông đồ già / Bày mực tàu giấy đỏ / Bên phố đông người qua.

Bao nhiêu người thuê viết / Tấm tắc ngợi khen tài: / “Hoa tay thảo những nét / Như phượng múa rồng bay”.

Nhưng mỗi năm mỗi vắng / Người thuê viết nay đâu? / Giấy đỏ buồn không thắm / Mực đọng trong nghiên sầu... (Vũ Đình Liên)

（大意：今までお正月が来ると、必ず字を書く先生がいる。そこに、字をもらいに来る客がたくさんいて賞賛していたが、このごろその伝統的な風習が薄くなり、客が減り、先生も赤い紙も硯も寂しいようだ。）

第３段

Em đi như chiều đi / Gọi chim vườn bay hết / Em về tựa mai về / Rừng non xanh lộc biếc / Em ở trời trưa ở / Nắng sáng màu xanh che. (Chế Lan Viên)

（大意：「君」がいることで、景色が変わるのだ。「君」が行ってしまうと、夕方が去るように、鳥が飛んでいく。「君」が帰ってくると、森が緑に染まる。「君」がいると、青空が光るのだ。）

(2)

Mặt trời càng lên tỏ / Bông lúa chín thêm vàng / Sương treo đầu ngọn cỏ / Sương lại càng long lanh / Bay vút tận trời xanh

（大意：陽が上ると、稲の花が黄色く熟し、草に残る露のしずくが光り、鳥が空を高く飛んで、高く鳴く。）

＊**五言詩コンテスト**（教室にて）
（1）自宅で予習した五言詩の特徴について述べる。
（2）グループ（班）で相談し、代表を決める。
（3）グループ（班）代表がグループの代表詩を読んで、評論する。
（4）先生とクラスの皆で意見、評価を出す。

枠内はベトナム語原文から直訳したもので（以下同じ）、内容からみると、創作として詩や描写文を書かせる問題である。五言詩を詠むのは初めての活動とはいえ、自宅で準備できることとされる。また、教室でグループ（班）代表しか発表していないから、すべての生徒が詠むことはなく、全員がこの語文活動に参加したかはわからない。

第二十八課では、「物語や記述の復習」、「描写文の復習」の後、「第七回作文を書く・創作描写文（教室にて）（Viết bài tập làm văn số 7 – Văn miêu tả sáng tạo（Làm tại lớp））」の問題がある。

参考問題は以下の通り：
問題1：あなたの想像である市場の光景を描写しなさい。
問題2：ズイ・カン（Duy Khán）のモデル文書である「ざわざわ（Lao xao）」から、日和の庭を描写しなさい。
問題3：昔話で天人に出会ったことを想像し、天人を描写しなさい。
問題4：観察したり、本で読んだり、あるいは聞いたりすることがある行動や外見が変わった人を描写しなさい。

「教室にて」というのは、四十五分のテストとして、児童生徒が作文を書かなければならない授業を指している。単に参考問題だから、以前に知っているわけではない問題を出されるかもしれないが、自由に想像し、物語を作れるテストだ。間をあけて、第三十一課の時にこのテストである作文が返される。つまり、この時間に、教師の評価が発表される。「語文」教師用参考書によると、生徒が習った表現技法を使い、「想像力」や「創造力」で自分独自の作品を作ることを求められている。当然、テストだから、答案も点数も教師がつける。

2　七年生

次に七年生の「語文」教科書では同じく、全部で三十四課ある。六年生と違って、七年生に求められているのは、句を作る技法や文法修辞技法である。句を作る技法では主に、長くしたり、短くしたり、そして、能動文から受身文に変更させたりすることを習う。文法修辞技法では、反復法や列記法を主に練習している。全体的に一年間を通して、感情を文章で表す表現技法や、議論文についても習い始める。

「創作」については、六年での勉強の復習で一学期にある第三課では「第一回作文を書く・自事描写文（自宅にて）（Viết bài tập làm văn số 1 – Văn tự sự và miêu tả（Làm tại nhà））」という活動で、参考問題は次の通りである。

問題1：両親に学校で起きた面白い話（あるいは、感動的な話、おかしな話など）をしなさい。
問題2：詩の「ルム」（Lượm）や「今夜眠れないホー爺さん」（Đêm nay Bác không ngủ）の中で、自分のことを描いているストーリーを第三人称を用いた文で表しなさい。
問題3：夏休みの間に見たことがある、きれいな景色（旅行で行ったところの風景、故郷の畑、山など）を描写しなさい。
問題4：あなたの一人の友人の似顔を描写しなさい。

以上は「創作」問題としてあげられているが、「自宅にて」という課題で、それほど難しい課題ではないし、生徒は参考書などを利用する可能性も高い。

第十三課では「創作活動」と書いていないが、「六八体詩を創る（Làm thơ lục bát）」という問題があり、「創作活動」にあたる。まず、児童生徒が「六八体詩（Thơ lục bát）」のルールを例文から、まとめないといけない。

Ⅰ．六八体詩のルール
（1）次の例文（次ページ⑴）をよく読みなさい。（ベトナムの有名な歌謡（ca dao）である。）
（2）質問に答えなさい
a）六八体詩の一組の各行には言はいくつありますか。どうして六八体と呼ばれているのでしょうか。

b）下の表（次ページ⑵）をノートに書き写し、歌謡の韻や声調に当てはまるB、T、V記号で記入なさい。

c）八言句の六番目と八番目の言の声調についてコメントを述べなさい。

d）六八体詩のルールについて、意見を出しなさい（句の数、句にある言の数、韻の数、韻の位置、平や仄の変化、句のリズムなど）

・六八体詩はベトナム独特の形式の詩である。／六八体詩のルールは六言の句と八言の句が一組となり、下記のように声調や韻は組まれている。一・三・五・七の位置にあたる言は上の表のように平・仄のルールに沿う必要はない。一般的には、二番目の言は平の言で、四番目の言は仄である。八言の句には、六番目の言は平（上がる声調）だと、八番目の言は平（下がる声調）であるべき。

以上の内容で、教師は次のように求められている。七年の学期は「語文活動」があるが、「議論文」の音読とい

Ⅱ　練習：

1　歌謡のように、六八体詩を創ってみましょう。ルールに沿って、適当な言葉を入れましょう。どうしてその言葉を入れたのかを教えてください。（意や韻について）

2　下の六八句はどこが間違ったか調べなさい。ルールに沿って、直しなさい。

3　クラスを二班に分けて、交代で六の句と八の句を出してみましょう。できない班は負けで、勝ちの班は六の句を出す権利がある。先生は審判となる。

4　六八体詩をうまくできるように、句にはイメージや魂が必要である。

(1)　Anh đi anh nhớ quê *nhà*

Nhớ canh rau muống, nhớ cà dầm tương

Nhớ ai dãi nắng dầm sương

Nhớ ai tát nước bên đường hôm nao

（大意：故郷を離れると、いつも懐かしく思い出すことがある。それは、空芯菜汁など故郷の味や働き者のだれかさんの姿である）

(2)　□ □ □ □ □ □
□ □ □ □ □ □ □ □
□ □ □ □ □ □
□ □ □ □ □ □ □ □

言・句	1	2	3	4	5	6	7	8
六	—	B	—	T	—	BV		
八	—	B	—	T	—	BV	—	BV

B：平（bằng）種の声調
T：仄（trắc）種の声調
V：韻（vần）

う活動になっており、「創作活動」は位置づけられていない。

1　目　標：児童生徒が六八体詩のルールがわかるようにする。児童生徒に六八体詩を創るチャンスを与える。
2　留意点：六八体詩はとても一般的だが、実際に、児童生徒、大学生さえも理解できないから、感受力や創作力に影響をすると思われる。この時間は「語文活動」として、時間は限られているから、工夫しましょう。冗談にならぬ、楽しく創る練習ができるよう。

3　八年生

続いて、八年生の「語文」は七年生で習った感情表現文、議論文の復習や新しく勉強する説明文を中心として、国語学習活動が行われている。一学期の最後の課となる第十七課では「語文活動：七言詩を創る(Hoạt động ngữ văn: Làm thơ 7 chữ)」という内容がある。この活動のために、生徒が求められているのは、次ページの通りである。

四句七言の詩体

a）Bánh trôi nước
Thân em vừa trắng lại vừa tròn / Bảy nổi ba chìm với nước non.
Rắn nát mặc dầu tay kẻ nặn, / Mà em vẫn giữ tấm lòng son.
(Hồ Xuân Hương)
（大意：もち団子の形を借りて、昔の女性の身分を語っている。）

b）Đi, bạn ơi, đi! Sống đủ đầy.
Sống trào sinh lực, bốc men say / Sống tung gió thanh cao mới / Sống mạnh, dù trong một phút giây
(Tố Hữu, *Đi*)
（大意：若者へ元気よく生きようと呼びかける）

c）Bà tôi ở một túp lều tre, / Có một hàng cau chạy trước hè.
Một mảnh vườn bên rào giậu nứa, / Xuân về hoa cải nở vàng hoe.
(Anh Thơ, *Tết quê bà*)
（大意：祖母の住まいの美しい景色を描写する）

＊自宅での準備

1　概念や練習範囲：七言詩は詩体の一つであり、七字（言）でリズムの単位として創られている。古体詩、唐詩、四句、近体詩等がある。ここの練習範囲は四句七言の詩体で、韻、律などを理解し、運用できるように練習すること。

2　習った詩体の説明文を復習する（第十五課）

3　右（前ページ）に取り上げられた詩をよく読んで、句の数、ワードの数、リズム、韻の踏み、平・仄のルールなど詩体を認識する。全体的に、四句七言では最初の二句は物事を描写し、三句目は脈を変え、四句目は思想を表す、という構想である。しかし、段の多い詩には各段は必ずこの構想を守らなくても構わない。

4　七言詩をいくつか集めて、宿題ノートに書き写す。

5　四句七言詩を創り練習する。テーマは自由。人の作品を書き写すことはしないよう留意しなさい。

＊教室での活動

1　詩のルールを見つける：a）下の詩の韻、リズムや平・仄関係を言いなさい。（大意：夕方、男の子が、水牛に乗って帰ってくる田舎の景色を描写する）。b）ドァン・ヴァンクー（Đoàn Văn Cừ）の次の詩は間違えて、書き写されたから、間違いやその理由を言いなさい。そして、正しく直しなさい。（原文略）

2　詩を創り練習する：a）編集者に隠されたツゥ・スーン（Tú Xương）の詩の最後の二句を好きなように創ってみましょう。（原文略）　b）書き途中の以下の詩の続きを創りましょう。　c）生徒が何人か自分の四句七言詩をクラスメートの前で読んで、皆が評論する。

本格的に「創作活動」の時間が取り上げられるが、平均一クラス五十名の生徒がいる現実から見ると、四十五分の間、全員参加することは不可能であろう。生徒に求められているのは少なくとも七言の句、四・三のリズムや韻踏みができることだが、教師用参考書にも「**時間が限られているから、七言詩の形式だけがわかればよろしいだろ**

う」と書いてある。

4　九年生

中学校の最後の学級である九年生の「語文」プログラムはどのように作られているか見てみたいと思う。その前に、留意点として紹介したいのは、ベトナムの教育制度の特徴ともいえる試験だ。義務教育修了には生徒は「中等教育卒業試験」を受けなければならない。一般的には、重要教科として重視されてきた「語文」、「数学」、「英語」以外、もうひとつの教科は毎年変わって発表されるのだ。主に、「歴史」、「地理」、「生物」、「化学」にあたる。要するに、九年生の「語文」は非常に重視されて取り組まれていると言っても過言ではない。目次を見てみると、六、七年生の時と同じように、全部で三十四課ある。一学期では、低学年で学習したことの続きで、説明文、時事文等を練習することが多い。といっても、引用された文章、文学作品等を中心にしてそれらについて学習することは重視されている。しかし、第十一課では、「八言詩を創り練習する」という内容がある。

まず、生徒が引用された詩から「八言詩」の形式や特徴などを自ら見つけ、述べないといけない。そのあと、グループ代表で自分が創った詩をクラスの前で読むこととなるが、教師用参考書には「**この課の目標は詩を創るのではなく、詩体の韻、リズムなどの感覚を実感させること。**（中略）**時間が限られているため、広めずに、ポイントのみに集中するべき。興味のある生徒は自ら調べる**」と書いてある。

二学期では創作活動も語文活動もない。なぜなら、九学年の二学期は中等学校における大事な時期だからである。生徒は普段の十五分テスト、四十五分テスト、期末テスト以外、中等教育卒業試験、それに、高等学校の入学試験も控えているのだ。どちらも、「語文」は必修教科として重要だから、活動のための時間確保は困難であろう。

三　ベトナムにおける中等学生相当の「創作活動」の現状と課題

以上述べたように、ベトナムの中等学校のカリキュラムでは「創作学習」、あるいは「創作活動」という内容が取り上げられているのである。しかし、詰め込み教育のベトナムでは、率直に言って、四十五分の授業ではこの活動は十分に実現できていない。時間の問題だけではない。点数制度という成績を重視するベトナム教育では、全体的に試験には出ていない内容であるならほんのわずかに触れる程度でよろしいということが、教師用参考書からも理解できる。「興味のある生徒」なら、自らどんどん取り組んでいくから、どうしても学校だけだと対応しきれないのも一つの理由であろう。この活動がどれだけ実現されるかは非常に興味深いことだ。ホーチミン市の公立中学校に「語文」の教師として勤めた先生に聞いたところ残念ながら、ほとんど行っていないのが現実だと語っていた。

そして、ここ二年間に、中等学校の語文教科書を変える動きがある中で、「語文」の授業をどうすれば楽しくできるのか、大都市のハノイ、ホーチミン市では、語文授業で様々な活動に取り組んでいる教師がいると、時々紹介されている。二〇一七年八月二十八日付の『若者新聞（Báo Tuổi Trẻ）』に掲載されている記事を紹介したいと思う。題名は「テーマで語文を教え、生徒を魅了する（Dạy văn theo chuyên đề hớp hồn học sinh）」で、書いた人はグェン・ティ・マイ・ロアン（Nguyễn Thị Mai Loan）氏、「ホーチミン市在住　語文教師」である。彼女によると、所属しているインターナショナルスクールではベトナム教育訓練省のカリキュラムの内容に沿って指導しているが、テーマ毎にまとめて、生徒をより多く学習活動に参加させるだけということだ。語文教科書を変えなくても現在の教材で十分に生徒を魅了できるというのが彼女の主張だ。では、二十年経験持ちのグェン・ティ・マイ・ロアン教師はどういうふうにしているのか。記事を見てみると、教科書をテーマごとに分ける作業は一番印象的である。

「決まった課を順次に行うのではなく、まとめて、「民間文学」、「近代文学」、「現代文学」、「言語スタイル」などのテーマで生徒を中心として、語文学習兼活動を行っている。このやり方で、生徒が自ら、テーマに相応しい活動の形式を決めて、実現していく。例えば、文学作品を自分たちで劇化して、演じている。あるいは、絵画、ポスター、巨大な本等を作って、担当しているテーマを説明している。すべて、テストはなく、教師も自由に学習活動を指導し、生徒も自由に想像し、文学のみならず、楽しくデザインし、脚本、美術などの幅広い分野に触れることができるのだ。作品は、学校のイベント、あるいは、ホール等で展示し、そこから、学習の評価がされている。（中略）この「テーマ活動」の鍵は教師が活動運営能力を持つこと。それに、当然のことながら、教科書や例文通りに教えず、テーマ毎にまとめて活動を行うことも大事だ。」そして、グェン・ティ・マイ・ロアン教師は「決して、難しいことではない」と肯定している。

記事へのコメントはまた興味深い。創作活動は生徒の感受性を育むことができ、とても良いと賛成の意見もあれば、一方、こういうふうにすると、大学受験はどうするつもりだという反対の意見もある。実は、今回の議論は初めてではない。以前からも受験の課題が出てくる。上にも述べたように、ベトナムではどうしても大学が学業の最終的な目的だから、いかに創作が楽しいと言っても、学業成績、試験の結果の方が重視されている。

そうした中、二〇一七年六月に出版された児童生徒の創作活動関係の本がある。小・中・高校生向けの『児童（Nhi Đồng）』、『赤いスカーフ（Khăn Quàng Đỏ）』、『紫のインク（Mực Tím）』という文芸雑誌の編集長を勤めたグェン・タイ・ズーン（Nguyễn Thái Dương）氏が執筆した「文学の話をささやく—生徒に文学を感受することや書く技法の練習を助ける（Thủ thỉ chuyện văn chương – Giúp học sinh cảm thụ văn thơ và luyện kỹ năng viết）」である。創作学習、あるいは活動についての指導のような本は珍しいと言っても過言ではない。ほとんどは、「例文」の本で、学校で習った課題、または、テストに出そうな問題が取り上げられ、大人の著者が書いた作文、物語、詩等がずらりと並んでいることも多い。それを暗記したり、書き写したりすることで、学校の「創作学習」に対応している生徒達。しかし、「文学の話をささやく生徒に文学が感受することや書く技法の練習を助ける」ことは語文教師や雑誌編集の仕事より得た経験によって書かれている。生徒が寄せた投稿から、創作指導を行っているのだ。

ベトナムでは、児童生徒向けの文芸誌がいくつも存在している。どれも、子どもたちの年齢、学級に相応しい形式や内容だが、原稿は主にその対象となる子どもたちが投稿してくるものだ。ベトナムでは学内ではなく、学外で、創作活動を児童生徒らが自主的に行うのが主流である。興味を持って書いてみようという思いで、投稿してくる。「習ったから、書きなさい」、「はい、テーマはこれ、八言詩を創りなさい」と言われるのではなくて、子どもたちが自由に好きなように、そして、いつでも物語を書いたり、詩を創ったりして、投稿しているのだ。そこで、これらの文芸誌には「創作指導コーナー」があり、投稿してきた作品の中からピックアップして、良いところ、悪いところを取り上げて、アドバイス等を行っている。このコーナーを担当してきたグェン・タイ・ズーン氏が今回まとめて本を出したわけだ。

例えば、「書き言葉、話し言葉」の章では、四年生のキャン・ズーン（Khánh Dương）君の文章が取り上げられた。そこで、話し言葉が多く使われた文を書き言葉にアドバイスしながら、直していく。「歌詞の言葉の感性」の章では、六年生のレ・トゥイ・ギャー（Lê Thúy Nga）さんや五年生のクィン・チャム（Quỳnh Trâm）さんの詩が比較され、言葉の使い方を変えることで、詩が「魂」を持つようになると指導している。また、「春はそれぞれ違う」の章では、文学では「似ている」、「同じ」ということはあまりよろしくないと教えている。九年生の詩を取り上げて、「ベトナムの春は「スイカ、黄梅」だけでないぞ」とアドバイスしている。わずか一三五ページで、児童に分かりやすく解説しているが、ほめるより指摘する部分が多いという印象である。編集者が「世の中、非常に難しくて、危ない**仕事は人の文章、詩を批正することだ。書き手にとっては、自分が書いたものは素晴らしいと誰もが思うだろう。**

しかし、グエン・タイ・ズーンさんの仕事は、とても面白い。なぜかというと、彼が指摘している「作家」はとてもかわいいからだ。それに、指摘している内容には、心が込められていて、作品をよりよく、うまく書けるように助けているからだ。」と絶賛している。スペルミスを含めて、児童の投稿によくある間違い、悪い書き方を例として取り上げて、創作指導を行っている内容である。『赤いスカーフ』はベトナム戦争が終わった二年後の一九七七年に創刊されて、二〇一七年で、ちょうど四十周年記念という長い歴史を持っている。ここがまだ存続しているのは、いかにベトナムの小・中学生たちが未だに創作活動が好きでその需要があるかを表している。小・中学生の創作活動は学校ではまだ改善されていないが、学外では文芸誌でサポートされていると言えよう。

まだ様々な問題はあるが、毎年「詩歌フェスティバル」が行われるほど、ベトナム人は文学、特に「詩創り」が好きで活発に創作活動を行っている。ただし、創作が学校での学習としてきちんと行えていることはなかなか認めがたいところであるのが現状である。ベトナム人である私から見ると、日本の創作学習との比較をすると、非常に興味深いトピックになるのではないかと思う。特に、現在第二日本ブームが起こっているベトナムにとっては高校だけではなくて、早くから、中等学校でも俳句を教科書に取り上げられる可能性は十分にあるだろう。

参考文献

Nguyễn Khắc Cường, Nhi đồng Xuân Bính Thân. Tp.Hồ Chí Minh, 2012.
Nguyễn Khắc Phi (Tổng chủ biên). Ngữ văn 6 ~ 9 Sách Giáo viên, tập 1,2. Hà Nội: Nhà xuất bản Giáo dục Việt Nam, 2013.
Nguyễn Khắc Phi (Tổng chủ biên). Ngữ văn 6 ~ 9, tập 1,2. Hà Nội: Nhà xuất bản Giáo dục Việt Nam, 2016..
Nguyễn Thái Dương. Thủ thỉ chuyện văn chương – Giúp học sinh cảm thụ văn thơ và luyện kỹ năng viết. Tp.Hồ Chí Minh: Nhà xuất bản Trẻ, 2017.
Nguyễn Thị Mai Loan. "Dạy văn theo chuyên đề để "hớp hồn" học sinh". Tp.Hồ Chí Minh: Báo Tuổi Trẻ 28/8/2017.

【補説】ベトナムの言語文化の歴史と文芸創作教養――六八体詩を中心に

村上呂里・那須　泉

ベトナム語は「小鳥の囀りのようだ」と愛され、「世界で最も音楽的な言語」（郡史郎「最もメロディアスな言語」『月刊　言語』一九九八年五月号、p.26）と評される。またベトナムは「詩と竹の国」と呼ばれ、六つの声調からなる日常の話し言葉そのものが韻律的であり、詩とベトナム民族とは切っても切り離せない関係にある。今日、ベトナム人が日本の俳句に深く心を寄せるのも、こうした言語文化の伝統への誇りと愛着があるがゆえだろう。

その詩の形式において、最もベトナム人の琴線に触れ、馴染み深いのが、六八体のリズムである。六八体については、「ベトナム人が詩の発想をまずこの六八体に求めるのは、日本人が日本語の七五調に断ち難い郷愁をもち続けることとよく似ており、そこにこの民族の秘密の一つがかくされているといっても過言ではない。」（川本邦衛『ベトナムの詩と歴史』文芸春秋、一九六七年、p.230）と説明されている。今日も六八体のリズムは民衆の言語生活に広く根づき、日常的な会話や宴席の挨拶などで自ら創作した六八体詩を朗々と吟じる光景がしばしば見られ、六八体のリズムはベトナム人に身体化されているといってよい。沖縄において八八八六の琉歌のリズムが心地よく身体化されていることとも通い合う。こうした詩の創作教養はどのようなプロセスで身に付くのであろうか。

An Nhiên氏の論考で紹介された中学校語文教科書においては、六年生（ベトナムにおける中学一年生）「五言詩を創るコンテスト」、七年生「六八体詩を創る」、八年生「七言詩を創る」、九年生「八言詩を創り練習する」と詩の創作単元が系統的に位置づけられている。七年生の語文教科書第十三課「六八体詩を創る」単元では、六八体詩のルール（対句や押韻）の確認→二班に分けて交替で六の句と八の句を詠む創作発表会という流れで学習活動が展開され、その創作発表会の評価においては「句にはイメージや魂が必要である。」として単なる表現技法の習得を超えた評価の観点が見られる。また個人による、自己表現としての創作というよりかは、協働で掛け合い的に創造していく口承文芸的な発想が見られる。この補説では、ベトナム言語文化で重要な位置を占める六八体詩を中心に、ベトナムの歴史において詩の創作実践が担った意味について述べたい。

まず、ベトナムの言語文化の歴史をごく簡単にではあるが、振り返る。

ベトナムは日本と同じく漢字文化圏であり、その語の約六割は漢語由来である。一九一九年廃止されるまで科挙制度があり、かつての公文書は漢文であり、近代に至るまで知識人層は漢詩による文芸教養を身につけていた。日本でも愛されたホーチミン（Hồ Chí Minh 胡志明）作『獄中日記』（中国国民党に逮捕された一九四二年頃の詩を集めたもの。邦訳は秋吉久紀夫編訳『獄中日記』（飯塚書店、一九七五年））は、五言律詩や七言絶句などからなる漢詩集である。

一方で文字を持たない民衆は、独自の口承文芸を発展させていた。主にはトゥックグー（tục ngữ：日本の諺に相当する）とカーザオ（ca dao：歌謡）がある。ベトナム文学研究者の加藤栄は、あるベトナム人映画監督による「ベトナム人がその歴史において大の字のつく思想や哲学を生みだすことはなかったけれど、日常生活の中から、その知恵の結晶ともいうべきトゥックグーやカーザオを生みだした」という言葉を紹介している。ベトナム人の文化的矜持が凝縮された言葉であろう。これを受け、加藤は口承文芸こそベトナム文学の「精神の神髄」であると述べている（国際交流基金アジアセンター『「ベトナム文学を味わう」報告書』一九九八年、p.25）。カーザオの形態には四言、五言、双七六八体、六八体などがあり、こうしたカーザオの豊穣な土壌のもとに六八体詩を発展させていく。

歴史的に中国と厳しい政治的拮抗関係におかれたベトナム民族にとって、中国文化の影響を脱し、独自の言語文化の伝統を表現する文字をいかに創造するかは重大な課題であった。八〜九世紀頃から、ベトナム語音を表す漢字と、意味を表す漢字とを組み合わせた形声文字的な発想に基づく字喃（チューノム）文字を開発し、この字喃（チューノム）によってベトナム口承文芸の伝統を反映させた国文学を確立していく。この字喃（チューノム）文学の代表が、グェンズー（Nguyễn Du 阮攸）作『金雲翹新伝（キムヴァンキエウ）』である。成立時期は一八世紀末から十九世紀初め頃、六八体からなる長編韻文詩である。薄幸の佳人の数奇な運命を描いてベトナムの「源氏物語」と評され、清時代の青心才人『金雲翹伝』の翻作でありながら「原著をはるかにしのぐ傑作」とされる（竹内与之助「解説」、阮攸『金雲翹新伝』大学書林、一九八五年、p.7）。六八体は複雑な韻を踏むが、「聴覚による美を楽しむ文学」（加藤栄）として文字を持たぬ層にも口伝えによって広く深く親しまれている。今日も中学生以上の必読書とされ、その文芸教養はさまざまな言語生活の場面（例えば翹占い）に活きている。

しかしながら字喃は漢字の素養がなければ理解できず、庶民の文字とはなりにくかった。そこで、もともとは十七世紀にキリスト教宣教師が考案した表記法（ローマ字に声調記号を付けたもの）が、話し言葉の韻律性を活かし、民衆にとって親しみやすい文字として普及していく。一九一〇年代末には「国語」としてベトナム語文字表記において揺るぎない地位を占めるようになっていく。この国語が、フランス植民地からの独立解放において核心的な意味を担い、一九四五年十月にはホーチミンによる国語識字運動アピール「奪われた学びをとりもどすために」（拙著『日本・ベトナム比較言語教育史』明石書店、二〇〇八年、p.277-278）が出されることになる。

一九〇五（明治八）年日本に密航し、日本への留学を呼びかける東遊運動を起こしたファンボイチャウ（Phan Bội Châu 潘佩珠）著『海外血書』（東京の神田の印刷所で印刷された）は、漢文および字喃と国語の両方で訳された六八体詩が一冊に印刷されている。この事情について川本邦衛は「ベトナム人の心理に食いこむためにはやはり六八体詩であることが欠くべからざる条件であったにちがいない。」と解説している（前掲『ベトナムの詩と歴史』、p.418）。ちなみにこの続編として書かれ、同じく六八体詩に訳され、愛誦された『海外血書続編』の最後は次のような詩句で結ばれる。

今より後は同胞よ　誰か何処にルソーや／福沢諭吉たらんものの　出現て努力よ努力よや　（同前書、p.418）

ベトナム独立運動の志士達が近代日本に寄せた熱い期待（後に裏切られ、挫折するのだが…）が伝わってくる詩句である。フランス植民地からの独立を願う愛国知識人が集まったハノイの東京義塾の宣伝班は群衆の前で詩歌を吟じ、啓蒙活動を行い、たとえば双七六八体の「国語の学習を喧伝する詩」などがあったという（同前書、p.422）ベトナム独立運動において、独自の言語文化の伝統に根ざした六八体詩を中心とする詩創作実践は、ベトナム国民としてのアイデンティティー形成を担う重要な意義を持っていたといえよう。

フランス植民地からの独立以降もベトナム戦争（ベトナムでは抗米救国戦争と呼ばれる）等厳しい歴史を経て、一党支配体制と文芸創作は矛盾に満ちた課題に直面し、さらに市場開放に転じたドイモイ（刷新）政策を経て、ベトナム文学は新たな局面を迎えている。この局面でどのような文芸創作活動が生まれてくるのであろうか。

An Nhiên氏の論考に拠れば、残念ながら今日の受験体制において、さほど創作指導が重んじられているとはいえない状況にあるという。しかしながら、教科書からテーマを設定し、自由に劇化や本づくりなどの表現活動を行い、展示・発表する単元学習も実践されており、今後の展開が興味深い。文芸創作実践が今日のベトナム社会においてどのような創造的意味を担うか、それを踏まえて創作指導の特色は何かなどを明らかにすることが課題となろう。

二〇〇〇年にはベトナムの高校教科書に初めて芭蕉の「閑さや岩にしみ入る蝉の声」が韻を踏む三行詩に翻訳され、掲載された。その後、「古池や蛙飛び込む水の音」を六八体詩に訳す試みもされ、ベトナムの伝統と響き合わせる形で俳句に親しむ気運が高まっているという。二〇〇七年には、初の日越俳句コンテストがホーチミンで開催され、多くの応募があった（グェンヴークィンニュー「古くて新しいもの　ベトナム人俳句観から日本文化の浸透を探る」国際日本文化研究センター『日文研フォーラム報告書』二〇一七年六月参照）。伝統的な韻律を活かした日本とベトナムの文芸創作交流はますます盛んになるだろう。

なおベトナムは多民族国家であり、本稿における「ベトナム人」は狭義であり、キン（京）族を指す。ベトナムでは少数民族もまた独自の言語文化の伝統を育んできた。こうしたところにもベトナム言語教育の重要な独自性があり、多様性を踏まえて今後どのような言語文化創造がなされているか、比較言語教育の観点から興味深いところである。

An Nhiên氏は、宮沢賢治『銀河鉄道の夜』や福沢諭吉『文明論之概略』、沖縄民話などのベトナム語翻訳および出版に精力的に取り組み、日本とベトナム、沖縄の文学の架け橋として活躍する気鋭の女性研究者である。若い世代がいかに文芸創作指導において交流し、発展させていくか、期待をこめて見守りたい。

第三章　中国における創作指導の新動向
――「材料作文」を中心に――

李　軍

一　中国における「素質教育」の普及と「材料作文」の広がり

1　二一世紀の基礎教育課程改革と「素質教育」

中国では、国語科を「語文科」という。二〇一八年現在の小・中学校語文科の指導目標、指導内容、言語活動、評価規準などは、二〇一一年告示の「義務教育語文課程標準」によって定められている。中国では、二一世紀に入ってから大規模な基礎教育課程改革が実施され、それまで使用していた「教学大綱」が「課程標準」に変わっていった[1]。二〇一一年版の「課程標準」は二〇〇一年版の「課程標準」の改訂版で、中国では「新課程標準」とも呼ばれている。

二〇〇一年以降の基礎教育課程改革の基本的な方針は「素質教育」である。鐘啓泉は、「素質教育」について次のように説明している。

「素質教育」は個々人の本来持っている人格特性をもとに行うものである。素質教育は、個々人の人格特性を修正し、補充し、さらに高め、完成させるものである。この意味から見ると、「素質教育」は実質上、個性を尊重する教育であり、「素質教育」の最終目標は個性の発展と人格の完成である。(2)（鐘啓泉、二〇〇八、p.26）

基礎教育課程改革以前の中国では、知識伝授一辺倒の詰め込み教育が主流で、「教師を中心とする」「教室を中心とする」「教科書を中心とする」といった「三中心」の教育がなされていた。このような教育方法の下で「高分低能（点数は高いが、能力は低い）」の学習者が多く生み出され、人間の本来持っている能力を伸ばし優れた人材を育てることは困難であった。一九九〇年代以降、教育の目的は知識の注入ではなく、知識の運用力や人間力の形成にあるという反省の声を受けて「素質教育」への要望が高まり、二〇〇一年に基礎教育課程改革が実施されたのである。

新課程標準における作文指導の方針も、「素質教育」の色が濃くなっている。それまでの教学大綱では、作文指導の目標や学習内容、指導方法などが学年ごとに詳細に示されていた。それに対し、新課程標準では、学習者の発達段階に基づき小・中学校を「第一学段（小学校第一～第二学年）」「第二学段（第三～第四学年）」「第三学段（第五～第六学年）」「第四学段（中学校第一～第三学年）」の四段階に分け、各学段の概括的な目標、指導内容、評価規準などが示されているのみである。この改訂からは、教育現場の指導者に対して学習者の実態や状況に合わせて各自で具体的な指導内容や指導法を定めてほしいという狙いが読み取れる。新課程標準に示されている「学習者の作文に対する興味の喚起・意識の向上・認識の深化に役立つように指導する」といった文言が「個性の尊重」「個性の形成」「個性の発展」といった「素質教育」の理念を反映している。

2 「材料作文」の定着と広がり

前述のように、新課程標準では作文指導の目標や内容、評価などに関するものが大まかにしか示されていないため、教育現場では、具体的な指導内容や指導方法の方向性を決める際に、毎年行われている「全国普通高等学校招生入学考試」（＝大学進学試験、以下「高考」と略す）と「高級中学入学考試」（＝高校進学試験、以下「中考」と略す）の作文問題を参考にすることが多い。これまでの「高考」と「中考」の作文問題は、概ね「命題作文（「半命題作文」を含む）」「話題作文」「材料作文」の三種に分けることができる。「命題作文」とは、与えられた題目に基づき作文を書く形式である。例えば、一九八八年の「高考」の作文題目は「習慣」で、命題作文である。「半命題作文」とは、例えば「――の習慣」のように、未完成の作文題目を補ったうえで作文を書く形式である。「話題作文」とは、与えられた話題（テーマ）に基づき自ら題目を決めたうえで作文を書く形式である。例えば、二〇〇二年の「高考」問題では「『こころの選択』をテーマに作文を書きなさい」という話題作文が出題されている。「材料作文」とは、ある「材料」の内容を読み取り、課題の要求に基づき自らテーマや題目、文体などを設定したうえで作文を書く形式である。「材料作文」に使われている「材料」は多種多様で、寓話、物語、名言警句、社説、コラム、説明文、詩歌など文字媒体のものもあれば、絵図や写真、漫画など非連続型テキストもある。

　章家誼・胡笙（二〇一二）は一九五一年～二〇一二年の六〇年間の「高考」の作文問題を集計・分析し、延べ二二九[3]の作文問題のうち「命題作文」は九九で四三パーセント、「話題作文」は七三で三二パーセント、「材料作文」は五七で二五パーセント、という結果を出している。章・胡の集計結果によると、一九五一年から一九九九年までは「命題作文」がほとんどであったが、二〇〇〇年からは「話題作文」が増え始めた。また、二〇〇六年からは「話題作文」が減る中で、「材料作文」が台頭し、増加傾向にある。二〇一三年から二〇一七年までの「高考」の作文問題を見ても、ほぼすべてが「材料作文」に変わっていったことが分かる。

　次節では、「材料作文」の分類と特徴について詳述しながら、「材料作文」の定着と広がりの理由やその背景を探る。また、「材料作文」と「素質教育」との関わりをも視野に入れて分析を進めていく。

二　「材料作文」の分類と特徴

「材料作文」は、概ね作文に使われる「材料」のジャンルや文体によって分類されているが、同じ材料でも分類の仕方や着眼点によって異なる。例えば、同じ寓話でも、A文献では「教訓材料作文」に分類されるが、B文献では「物語材料作文」、C文献では「非現実材料作文」としている。ここでは、複数の文献を参考にして、「材料作文」の内容とジャンルを分類の基準とした主要な五種類を取り上げて、それぞれの特徴を分析する。なお、本節で挙げる例はすべて高等学校の「材料作文」である。中学校の場合、主要な類型は同じであるが、字数は六〇〇字である。

1　寓話材料作文

「寓話材料作文」とは、寓話や譬え話などにおける主題や教訓を読み取り、様々な角度からその寓意を吟味し、テーマを設定したうえで、日常生活や身近な出来事に関連づけながら作文を構想・創作する類型である。

◇例①

> ある漁師は、漁に出た時、深海で大きくてきれいな真珠を見つけた。光沢がよく、形も整っているこの真珠はきっと高値で売れると思ったら、真珠の表面に小さな黒い点があることに気づいた。玉に瑕とはまさにこのことだ。漁師は黒い斑点を一生懸命削った。ところが、黒い点が消えた時に、真珠もなくなってしまった。私たちは、人やものに接する時の態度ややり方においては、この漁師と同じような過ちをよく犯している。

◇作文の要求

日常生活の中で、「得」と「失」、「美しさ」と「欠陥」はいつも隣り合っている。あなたはこのことについてどう思うのか。自らテーマ、題目を設定し材料の内容を中心に八〇〇字以上の作文を書きなさい。文体は自由。

◇特徴

「寓話材料作文」には四つの特徴が見られる。一、譬え話に内包されている深層的な教訓や真理を読み取ることが求められる。二、多くの寓話には対立や矛盾が書かれている。その対立と矛盾が生じた理由とは何かを見極めることが必要である。三、複数の視点から教訓や寓意を分析することが大切である。例えば、例①で示したように、漁師の認識と行動という着眼点や真珠の輝きと黒い斑点という着眼点など多様な視点からこの寓話を分析することができる。四、例①の最後の文で示したように、寓話と日常生活との繋がり、つまり今日におけるこの寓話の意義を考え、表現することも重要なポイントとなっている。

2　論理材料作文

「論理材料作文」とは、同じ問題に複数の角度から論理的に書かれている文章を読み取り、多様なものの見方や考え方を知ったうえで、自らの立場や意見を明確にし、道筋を立てて自分の意見をまとめる類型である。

◇例②

今年の「世界読書デー」に、ネット上で「浅読み」について様々な議論が繰り広げられた。
甲：「浅読み」ってなんですか。
乙：「浅読み」は、簡単さ・手軽さ・実用性・面白さなどを追求する読書のスタイルで、今流行っているよ。

丙：今は「読図時代」で、人々は視覚的情報の刺激と享受を好んでいるね。
丁：「浅読み」はファーストフードを食べるのと似ていて、美味しいけど、栄養はあまりない。それに、大した知識も得られないよ。
乙：今は社会競争が激しく、生活のリズムも早いし、ストレスも大きい。私は「深読み」でゆっくり吟味したいけど、いいのかな。
丙：人それぞれ自分好みの読書スタイルがある。「浅読み」の流行は、読書の個性化と多様化の表れだと思う。
丁：昔のことが懐かしいなあ――本屋さんの片隅で、黙々と本を読む。日が暮れたことにも気づかずに…。
甲：「浅読み」をしているうちに、私たちは何かを失ってしまったのではないだろうか。

◇作文の要求

この材料におけるいくつかの意見を整理したうえで、自分の考え方や立場をまとめる。自らテーマ、題目を設定し材料の内容を中心に八〇〇字以上の作文を書きなさい。文体は自由。

◇特徴

「論理材料作文」には三つの特徴がある。一、材料の中に書かれている複数の意見や主張を整理したうえで、自分なりの観点やその観点を支える根拠を示す必要がある。二、この類型の材料には複数のテーマが含まれていることが多い。例えば例②では、「浅読み」と「深読み」の比較や「読書時代」と「読図時代」の比較、情報伝達手段の変化、情報機器の普及による読書スタイルの変化などいくつかのテーマが内包されている。これらのテーマ（分析の視点）から焦点を絞って自分の意見や考え方をまとめなければならない。三、材料に出ている多様な意見をどのように自分の作文に生かすかも一つの評価ポイントである。テーマの取捨選択と同様に、材料を選別・活用する力も問われているのである。

3　名言警句材料作文

「名言警句材料作文」とは、有名人または一般人が人生や社会などの真理について鋭く巧みに表現した言葉を作文の材料として用いる類型である。この類型の作文には、「一つの材料」と「複数の材料」といった二種類のパターンが見られる。次の例③は「一つの材料」の例である。

◇例③

> 李嘉誠はこう言っている。「卵は、外側から破ったら食べ物になるが、内側から破ったら生命になる」と。人生も同様である。外側からの打破は圧力で、内側からの打破は成長である。もしあなたが誰かが外側から殻を破ってくれるのを待っているのであれば、あなたはきっと誰かの食べ物になると運命づけられてしまうだろう。もしあなたが自分で内側から殻を破っていけば、きっと生まれ変わった新しい自分に出会うことができるだろう。

◇作文の要求

この材料への理解に基づき、自らテーマ、題目を設定し材料の内容を中心に八〇〇字以上の作文を書きなさい。文体は自由。ただし、詩歌は除く。

◇特徴

「名言警句材料作文」は抽象性と哲学性が高いゆえに、八〇〇字以上の作文を書くには想像力や連想力を働かせ、抽象的な内容を具体化していく必要がある。例③に出ている「卵の殻」は人間にとっては何なのか、「殻」は自分の心の中にあるのか、それとも自分の外側にあるのか、「殻を破る」とは具体的にどういうことを指しているのか、「食べ物」や「新しい自分」は比喩的に使われているが、具体的に何を意味しているのか、「自立」とは何か、などを自分自身の人生体験に関連づけながら解釈し、自分なりのテーマ・観点をまとめていかなければならない。名言警句は人々の共感を得やすく、普遍的な真理を言い当てることが多いが、その共感や普遍的な真理から如何に自分の個性や認識を表出できるかがこの類型の作文の難しさであり、魅力でもある。

4　詩歌材料作文

「詩歌材料作文」は詩歌を作文の素材として用いる類型である。

◇例④

> 風は／一枚の頼りのない紙切れを／吹き飛ばすことはできても／一羽の飛べる蝶々を／吹き飛ばすことはできない

◇作文の要求

この材料への理解に基づき、テーマ、題目を設定したうえで、自らの生活や体験に関連づけながら八〇〇字以上の作文を書きなさい。文体は自由。ただし、詩歌は除く。

◇特徴

詩歌の材料は、洗練された短い言葉で一つの感覚的象徴的な世界を展開している。名言警句よりも抽象性が高いため、材料作文の中で最も難易度が高いとされている。「詩歌材料作文」を書く際に、詩の主題、テーマ、象徴的な意味などの吟味という分析的側面と、詩の趣きや描かれている世界観を感じ取るという感情的感覚的側面を作文に盛り込む必要がある。また、どの側面においても、詩の内容と現実生活とを結びつけて作文を構想することが求められている。例④における「風」は「国際情勢」「〇〇の流行」「科学技術の発展」「自然環境」などといった現実生活の出来事に置き換えて解釈することができる。「風」の解釈によって、「紙切れ」と「蝶々」が象徴する具体像も変わってくる。この類型の作文は想像力、連想力、表現力だけでなく、学習者の個性を伸ばし、感受性を鍛えることも期待できる。

5　絵図材料作文

「絵図材料作文」は、絵図、写真、漫画など非連続型テキストを作文の素材として用いる類型である。この類型では、一枚の絵図のみのもの、絵図と文章を組み合わせたもの、一枚の絵図、複数の絵図などが用いられているが、最も多く使われているのは漫画である。次の例⑤は二〇一〇年度「高考」の作文問題である。

◇作文の要求

この漫画の内容を読み取り、自らテーマ、題目を設定し材料の内容を中心に八〇〇字以上の作文を書きなさい。文体は自由。

◇特徴

「絵図材料作文」は、内容の読み解き、テーマの理解、現象の裏に隠されている本質的な問題の認識、自分の意見の形成といった点においては、これまで見てきた文字媒体の「材

◇例⑤

（図中の吹き出し＝もうこんな時代になったし、魚があるのにどうしてまたネズミなんかを捕るのよ！）

料作文」の特徴とほぼ同じである。しかし、絵図の読み解きにおいてはほかの類型の「材料作文」とは大きく異なっている。例えば例⑤における左側の三匹の猫と右側のネズミを捕ろうとする猫の対比・対立はこの漫画の重要な内容であるが、猫の前に置かれている魚もあるメッセージを伝えている。魚を完食し満腹になった一番左側の猫の無関心の態度とまだ魚を食べている真ん中の猫たちの反応との違いはそのメッセージの一部になる。また、この漫画をそのまま解釈すると、「どんな時代でも身についている本能は忘れない」という表面的な読みができるが、図中に描かれている具体像を抽象化すると、「どんな時代でも伝統的な文化や慣習を忘れてはならない」「新しい時代における伝統文化のあり方を問う」といった深層的な読みも可能である。このように、この類型の作文では、細かく観察したり絵図中の要素を結びつけて論理的に考えたり断片的な部分を繋げて全体像を創り上げたりする力が求められている。

中国では、長年来「看図作文（図を看て作文を書く）」という伝統的な作文指導法が行われてきた。「看図作文」は小学校一年生から四年生までに行われ、主に物語や記述文の創作指導としてなされているのに対し、「絵図材料作文」は中学生や高校生を対象としており、前述のように「自分の意見や見方を述べる」といった論理的思考力やＰＩＳＡ型読解力の要素が多く含まれている。

以上、「材料作文」の五つの類型を取り上げ、それぞれの特徴を分析した。各類型の「材料作文」は異なる特徴を呈している一方で、共通点も見られる。例えば、材料のテーマ、題目の設定や文体、ジャンルの選択などを書き手に委ねる点、多様な読みを許容する一方で、現実生活との関連づけを強調する点、材料に対する内容の理解と問題所在の本質的な追究を求める点、材料の内容を踏まえたうえで自分なりのものの見方や考え方を形成する点、などを挙げることができる。これらの共通点はまさに「素質教育」が掲げている「個性の尊重」「個性の形成」「個性の発展」に一致しており、「材料作文」の定着と広がりは中国の二〇〇一年以降の基礎教育課程改革の一環として見ることができる。また、二〇〇〇年より実施されているＰＩＳＡ調査も「材料作文」の増加の一要因と言えよう。

三　「材料作文」の指導と評価

「高考」と「中考」における「材料作文」の定着と増加とともに、教育現場においても「材料作文」関連の指導が多くなり、広がりを見せている。先述のように、「材料作文」には具体的な要求が一切書かれておらず、テーマや題目はもちろん、文体やジャンルも書き手が決めなければならないので、どこからどう書けばいいのか分からないという苦手意識を持つ学習者は少なくない。また、教師側も多岐にわたる「材料作文」をどのような手順で指導し、どのような観点から評価したらいいのか頭を悩ませている。[4]このような課題を解決するための実践報告が近年数多く出ている。「材料作文」は「材料」によって指導手順などが異なるため、ここでは、「寓話材料作文」に焦点を当ててその指導手順と評価の事例を見ていく。

1　「寓話材料作文」の指導手順

陳鋒（二〇一五）は、中学校作文指導の問題点として「智趣の欠如」を挙げ、その問題解決を試みた実践を報告している。「智」とは既習知識を生かして作文の書き方や内容などを工夫すること、「趣」とは興味や意欲を持って作文に取り組むことを指す。この実践報告における「寓話材料作文」の指導手順は次の通りである。

◇指導手順

⑴具体例を通して、「寓話材料作文」の定義と特徴を理解する。
⑵寓話中の登場人物や出来事、核心的な内容を把握し、メモをする。

(3)寓話のテーマを示すキーワードを探し出し、メモをする。
(4)多様な角度から寓話を理解・解釈し、整理する。
(5)グループで意見交換を行う。テーマや寓意について話し合ったうえで、自分の意見をまとめる。
(6)これまでの流れを踏まえ、各自で作文の題目、テーマ、文体を設定し、作文の構図を作成する。
(7)寓話の内容やテーマに関わる日常生活の出来事を連想し、作文の構図に入れ込む。
(8)言葉を適切に使い、表現技法を工夫しながら、作文を完成させる。

この手順では、材料の読み取り方、材料の分析方法、作文構成の手順、表現の仕方などに関する指導事項が示されている。材料の核心的な内容の把握や自分の思考の形成、作文の構築が指導のポイントであるが、書くことと話し合うこととの連携が多様な見方の発見・共有に繋がり、学習者の苦手意識をなくすための手立てとなっている。

2　「寓話材料作文」の評価観点

この節では、学習者による創作文を通して、「寓話材料作文」の評価観点を分析する。次の例⑥は二〇〇一年度「高考」の作文問題の要約文である。

◇例⑥

> ある若者は「健康」「美貌」「誠実」「機敏」「才学」「金銭」「名誉」の七つの包みを背負って渡り船に乗った。しばらくすると風が起こり波が荒くなり、危険な状態になった。「安全のために包みを一つ海に捨てなさい」と舵取りに言われ、散々迷った若者は、「誠実」を捨てることにした。

◇作文の要求

捨てられた「誠実」について、あなたはどんなことを連想するのか。自らテーマ、題目を設定し、「誠実」について八〇〇字以上の作文を書きなさい。自分の経験、感想、考え方、理念などを書いてもよいし、物語の続きや新しい寓話を創作してもよい。ただし、「誠実」というテーマから離脱しないこと。文体は自由。

◇作文①　題目：「誠実」を捨てた後

若者は「誠実」を捨てたことで、無事に難を逃れ、「快楽島」に到着した。家を借りるために、まず不動産屋に行き、「金銭」の包みからお金を出そうとした時に、「誠に申し訳ありませんが、お客様のお金はこの島では使えません。もし「誠実」をお持ちでしたら、先に部屋をお貸しできますが」と店員に言われた。（その後、若者は銀行やアルバイトできそうなところをたくさん当たってみたが、みんなに同じことを言われ断られた。また、女の子に恋をしたが、「誠実」がないために振られてしまった。→この部分の詳細記述を略す）

途方に暮れた若者は再び船乗り場に戻り、舵取りに自分の不遇を愚痴った。舵取りは「この島はみんな『誠実』を持っているから、『快楽島』になったのですよ。あなたは一番大切なものを捨ててしまったんですね」と嘆いた。

◇作文②　題目：「誠実」漂流記

「誠実」は若者に捨てられた後、一生懸命に泳ぎ、小さな島に辿り着いた。「誠実」は砂浜で休みながら、通りかかる人に助けを求め、何とかして島を出ようと考えていた。

しばらくすると、にぎやかな音楽とともに「快楽」と書かれている船がやってきた。「誠実」はすぐさま船に向かって「私は『誠実』と申しますが、船に乗せてもらえませんか」とお願いした。しかし、「だめだめ！『誠実』がそばにいたら、楽しくなくなるから、お断りしますよ。誠実にものを言ったせいで人生が台無しになった人をどれだけ見てきたことか。

悪いけど、あなたを乗せることができません。」と言って、船は去っていった。（中略）
「誠実」は困り果てていた。ちょうどその時、一人の老人が遠くから声をかけてきた。「坊や、この船にお乗りなさい。わたしは時間老人です」と。「どうしてぼくを乗せてくださるの」と不思議がる「誠実」に、老人は微笑みながらこう言った。「時間こそが『誠実』の大切さが分かるからですよ」と。（後略）

◇評価の観点

作文①は、若者の視点からこの寓話の続きを書いている。「誠実」の喪失によって多くの挫折を体験するというストーリーを通して、逆説的に「誠実」の大切さ、「誠実」と「快楽」との関係性を表現している。この作文は場面設定の斬新さ、ストーリー展開の面白さ、寓話のテーマの示し方のユニークさが高い評価を得ている。また、架空の世界でありながら、どこか現実味を帯びており、考えさせられる点が多いこともこの作文の特徴と言える。

作文②は、寓話の続きを創作するという点においては作文①と同じであるが、「誠実」を主人公とする点、「誠実」と「快楽」とは相容れない関係にある点、「時間」こそが「誠実」の大切さを証明してくれる点、「誠実」を欠く「快楽」は表面的・短絡的なもので、長い歳月をかけてはじめて「誠実」の大切さが分かるという対比の点では作文①と逆転の発想で、オリジナリティを持ち、評価のポイントとなっている。

作文①と②を通して、次のような「寓話材料作文」の評価観点が見てとれる。すなわち、寓話のテーマをどのように理解し、新しい設定の下でどう表現するか、テーマの設定と作文の構成をどう一致させるか、自分なりの考え、オリジナリティをどう創出するか、抽象的な部分と具体的な部分をどう融合し、作文に練り込んでいくか、などである。これらの評価観点は「寓話材料作文」とは限らず、ほかの「材料作文」にも応用できると考えられる。

四　日本における「材料作文」指導の可能性

「材料作文」は台頭から普及まで十数年しか経っていないため、その土台となる「材料」の選び方と条件、系統的効果的な指導法、一定の評価規準はまだ模索中で、現状のものをそのまま日本の作文指導に導入することは難しい。また、テーマ設定や文体の自由選択、長文の創作もこれまでの日本の作文指導事情と大きく異なり、難易度が高いと思われる。とはいえ、「材料作文」から日本の作文指導に資する要素をいくつか抽出することはできる。

まず、日本では物語や詩歌、絵図などを素材として作文を書かせる指導はなされているものの、命題作文や話題作文の比重が圧倒的に大きい。題目や話題だけではなかなか作文を書けない学習者に、面白くて読み応えのある「材料」を提示することで、書く内容のヒントを得られるだけでなく、多様なものの見方や考え方に出会わせることもできる。ただし、「材料作文」を指導する際に、すべて自由に書かせるのでなく、適切な制約が必要である。

次に、「材料作文」は学習者の興味関心や創作意欲を刺激し、書くことを好きにさせるきっかけになり得る。日本における鹿内信善の「新しい看図作文」指導はその一例である。鹿内は中国の伝統的な「看図作文」を発展させ、数十年にわたって「新しい看図作文」の授業構想を数多く提案してきた。鹿内の授業実践では、絵図を読み解く力や思考力、想像力、表現力の育成はもちろん、わくわくしながら書く学習者や目を輝かせながら作文に取り組む学習者がよく登場している。絵図だけでなく、ここで紹介した寓話なども興味関心の喚起に効果的である。

さらに、「材料作文」では、「読むこと」「話す・聞くこと」「書くこと」などの言語活動を有機的に取り入れたり、協働学習のスタイルを活用したりすることで、総合的な国語力の育成にも役立つと考えられる。

「材料作文」は未成熟であるがゆえに、多くの可能性を孕んでいる。「材料作文」が日本の作文指導や言語活動の活性化の一助となることを願っている。

注

（1）「教学大綱」と「課程標準」は両方とも日本の学習指導要領に相当する。なお、「教学大綱」と「課程標準」における作文指導方針の転換に関する具体的な内容は「看図作文の教育史と今後の展望」（鹿内信善・李軍『北海道教育大学紀要・教育科学編』北海道教育大学、二〇一四年）を参照されたい。
（2）本章における中国語文献の日本語訳は筆者による。なお、中国語参考文献は便宜上日本語の漢字を用いる。
（3）中国の「高考」問題用紙は、全国統一試験の問題用紙のほかに、各地域の独自の試験問題も出されている。二二九の作文問題は全国統一試験の作文問題と各地域の地方試験の作文問題を併せた合計である。
（4）学習者の実態と「材料作文」の指導上の問題点に関する内容は「初中給材料作文教学策略」（彭越婷・許采娟『科教導刊』二〇一五年第五期、湖北省科学技術協会、p.102）による。

引用および参考文献

陳鋒（二〇一五）「浅談材料作文審題中的〝智趣〟浸透」『語文知識』二〇一五年第八期、語文知識雑誌社
韓書行・郭暁芳編（二〇一五）『高考材料作文立意大全』農村読物出版社
肖復興編（二〇〇七）『初中生材料作文大全』希望出版社
章家誼・胡笙（二〇一二）「60年来中国高考作文命題的角色預設問題」『華東師範大学学報（哲学社会科学版）』二〇一二年第五期、華東師範大学
張麗麗編（二〇一五）『最新高中生新材料作文第1範本』北京教育出版社
張日輝（二〇一六）「談新材料作文的〝主角度〟与〝副角度〟」『語文知識』二〇一六年第十二期、語文知識雑誌社
張卓華（二〇一七）「浅談初中生材料作文審題立意的指導」『学周刊』二〇一七年第十期、河北師範大学
鐘啓泉（二〇〇八）『教育的挑戦』華東師範大学出版社
《最新高中生材料示範大全》編集委員会編（二〇一六）『最新高中生材料作文示範大全』西安出版社

Ⅵ　これからの文学創作の学習指導（展望）

山元　隆春

本書Ⅰで**浜本純逸**は、一九七〇年代に行われた大村はま、福岡教育大学、柳瀬真子の行った実践や共同研究の成果を考察し、それらが「国語科における創作指導」に関していかなる特徴的な提案性をそなえていたのかということを、「創作指導の目的と題材」に関する提案性（大村はま）、「作文の種類と指導内容」に関する提案性（福岡教育大学）、「指導方法」に関する提案性（柳瀬真子）の三つに集約した。「国語科における創作指導」は、これら一九七〇年代の実践や研究を基礎として、その後の多様な展開が見られたとこの章を結んでいる。このⅥでは、本書によってひらかれる「国語科における創作指導」のこれからの展開のために必要な条件を、浜本が第一章に示した三つの柱に即して考えてみたい。

一　「創作」は何のために必要か

Ⅰで**浜本純逸**は、大村はまの「書く力そのものをつけておけば、その人が、これから思想も育ち、人間も育って、一個のちゃんとした人になった場合、その筆力を使って書いてくれればいいのではないかなと思ったのです」という言葉を引きながら、大村の「創作指導」の考え方をまとめている。大村の言う「筆力」は、作文指導だけにとどまる問題ではない。社会を生き抜いていく上できわめて重要な力であることは確かなことである。

では、「筆力」の中心となるものは何であったのか。浜本は「自己を見つめる」という大村の言葉に注目している（本書p.7）。浜本は大村の創作指導実践の中心部分を捉えながら、文章の「題目」を考えさせることで「自己を見つめる」ことが「筆力」の源になるという見解を導き出している。これは、その人がその人として生きていくためにずっと大切にしていかなくてはならないテーマを発見していく営みでもある。「創作」で「話」をつくることによって、そのようなテーマに気づいていくことが「自己を見つめる」ことになるというのである。大村の言葉は、何のために「創作指導」をするのかという問いに対する一つの答えをもたらしてくれる。

二　「創作」のカリキュラムと教材をどう生み出すか

中学校国語教科書の「創作」教材の検討を行ったのが**木本一成**である（Ⅱ第四章）。国語教科書「創作」教材の分析を行った論考は少なく、貴重なものである。創作の意義、「虚構」の説明を考察した上で、創作教材の具体例を「物語・小説の場合」「詩歌・脚本・古典などの場合」に分けて、克明な分析がなされている。

とくに木本は、読みの教材をもとにした創作、提示された資料をもとにした創作、体験をもとにした教材を示して、書き換え教材、練習教材、本格的な創作教材が収録されていることを述べている。国語教科書教材にさまざまな工夫が見られるという指摘は、「国語科における創作指導」のカリキュラムや教材、授業づくりの方針として、切実で実際的な問題を踏まえたものである。

木本は国語教科書の創作教材を使った学習指導の分析も行っている。国語教科書の創作教材は、ほぼ例外なく、小説教材や説明的文章教材と違って、学習の目標・内容・方法を含み込んだかたちでつくられている。そういう意味で、「国語科における創作指導」のカリキュラムと教材を組み立てていくためのモデルとして、また、単元を校正するための出発点や手がかりとして、吟味しながらいかしていく必要があることを、木本の論考は示している。

本書で取り上げられているこれまでの「創作指導」実践には絵本や児童文学作品を使ったものが少なくない。このことをくわしく論じているのが**林美千代**によるⅣ第一章である。林は、絵本と児童文学作品が持つ言葉を生み出す仕組み・仕掛けを検討して、「創作」に至る多彩な可能性を示している。

林がとくに焦点を当てたのは、文字なし絵本に文章を付ける実践、続き創作を書く実践、書き換え創作を行う実践、などである。林は、こうした実践が、「創作への動機づけ（関心・意欲の喚起）」に「芸術性豊かな絵本や児童文学」がもつ「大きな力」を十分いかすものであり、生徒の書こうとする気持ちを引き出し、豊かな実りを生み出しているという（p.163）。もちろん、林が「創作指導」での文字なし絵本の活用を手放しで推奨しているわけではない。林による「『書かれた文章が単なる絵の説明になってしまい、ストーリーを構成できない場合や、作者の意図からかけ離れた創作は原作者へのリスペクトにかける側面もある」（p.165）という指摘は重要である。

これは、対象とする文字なし絵本の絵によるストーリーをどれほど読み込むことができるかにかかわる問題であると思われる。挿絵を付けるのではなくて、絵のストーリーに相当する言葉のストーリーをつくり出すために、しっかりと絵を読む技術を身につけていくことが必要だという指摘であり、「創作指導」で育てなければならない言葉の力を見極めるための視点として重要である。

草野十四朗は、Ⅳ第三章で、単元学習における「創作指導」の役割を掘り下げている。町田守弘、武藤清吾、浜本純逸、そして草野自身のこれまでの仕事を踏まえながら、国語科における「サブカルチャー」「社会参加」「協働的実践」という現代的な課題を取り上げながら、「単元構成を多様にアレンジできる可能性」や「国語科」の教材観や単元観を広げていく必要性と可能性を考察した。

その上で草野は、田中宏幸、中井浩一、古宇田栄子、小野田理子らによる「聞き書き」「インタビュー」の実践について周到に考察している。単元で学ぶための基本的条件を掘り下げた考察であると位置づけることができる。その上で、唐崎雅行、三浦和尚、田中宏幸、遠藤暎子、松浦理恵（本多ひとみ）、岡本利昭らの単元学習実践をくわしく検討し、そこにみられる「創作」の働きを分析している。

草野は「創作活動は単元学習と親和性が高い。創作活動は単元の中で、あるときは学習活動の目標となり、あるときは原動力となる」としている。それだけに、草野がその論考の最後で指摘しているように「評価」のありようをさらに探っていく必要がある。もちろん「成績」をつけることがだけが「評価」ではない。学習者の学びを理解し解釈して次につなげるような「評価」のあり方を探っていくことが課題であるとの指摘である。それはまた、学習者一人ひとりの学びを継続的にいかしていく「評価」のあり方を探求する必要性を明らかにしている。

三　「創作」をどのように授業するか

山下直は大村はま、大城貞俊の実践の分析を通じて、「想像を広げるためには細かな背景をしっかり把握しておかないと、その想像自体が行き詰まり、読み手に対して魅力ある世界を提示することができなくなる」（Ⅱ第一章、p.46）とし、「具体的な設定」を設ける重要性を指摘している。これは、あたらしい世界を創り上げようとする営みに共通した問題の指摘である。山下はさらに「身に付けさせる能力」の明確化と、年間計画のどこに小説・物語創作を組み込むかということの検討が重要だとしている。山下は、大城貞俊の五点にわたる「評価の基準」を取り上げて具体的に考察した（p.39）。見通しのそなわった創作指導実践を展開するためには、学習者にどのような文章を書かせるかということの見極めが必要であるし、学習者側からすれば、どういうことをすることができれば小説や物語の創作ができた、とみなされるのかということを是非とも知りたいということになるだろう。

平野孝子は、山下の取り上げる大城の「評価の基準」の基盤をなしている書き手と読み手とのコミュニケーションに焦点化しながら、詩の創作指導に関する考察を行っている。平野は大岡信が提唱した「連詩」を中心に、「共同制作」の重要性を「ここでは、創ると同時に他者の作品を『読む』ということが要求される。また、詩全体だけでなく、参加した人の詩作品を共同で検討し、（中略）より良いと考えられる作品に参加者全員で作り上げていくことである（Ⅱ第二章、p.63）と指摘する。「創作」が個人的なものであるという思い込みがあるとすれば、それを見直し、共同でなされる「創作」の可能性を示すことによって、学習者を能動的な創作者にしていくことが可能になるという主張でもある。これは詩歌の創作指導にとどまらない問題である。

小林一貴は短歌・俳句創作指導のこれからの課題として、「教材との対話を促すような発問や観点の提示」が必要であること、「つながりの意識化」を促すこと、創作を促すような「テーマの選択」をすること、をあげている（Ⅱ第三章、p.81）。小林の指摘は、短詩系文学指導のなかで、教材との対話のしかたを学ぶ学習としての意義を認めるものである。そして、短詩系文学であるからこそゆたかな作品の空白部分をいかすことのできるような学習の重要性が指摘されている。小林の言う「つながりの意識化」は、多様に考えられる。過去の作品との「つながり」ばかりでなく、自己の経験との「つながり」や、作品を媒介とした他者との「つながり」も考えることができる。

また、**寺島徹**も「詩・俳句・連句・漢詩」の「創作指導」の意義を考察した。そのうえで「指導法の体系化、理論化を目指した論考があまり見られない」と指摘し、「教育的効果や具体的なメソッドを掘り下げていく論考」も不足しているので、そうした論考がたくさん生み出されるようにしていくことが、創作指導の指針をもたらすとしている。中学校にしても、高等学校にしても、詩歌創作は小説などの創作に比べて取りかかりやすい領域である。

小学校で取り組んだことのある生徒も少なくないだろう。それだけに、寺島の言うように「高等学校の国語教育として、どこまで取り上げるのか（どこから高等学校や高等教育や生涯教育にゆだねるのか）、あるいは、実作者でない教員にも用いることができる教材として普遍化できるかという視点から検証を行う必要性」（p.149）があると言えるだろう。

また、寺島は「評価」の難しさも指摘している。これは、小説や脚本の創作指導でも同じである。全員が俳句や詩の専門家ではないので、相互に批評し合う姿勢を育てていくことができるかどうかが大切な鍵となる。互いの成果物を解釈し、意味づける営みとしての「評価」の仕方を工夫する必要がある。そのためにも、詩歌を書いて読み合うということが、生徒たちにとって言葉の力を育てるどのような媒介行為になるのかということを探究していく必要があるのではないだろうか。それが寺島の言う「創作のプロセスを評価する教師側の視点の開発」である。

佐野比呂己は、新科目「文学国語」の指導内容開拓を念頭に置きながら、従来の物語や小説の創作指導を捉え直し、検討している。いずれも高等学校国語科において、先駆的に物語創作指導に取り組んでいる、荻原伸、幸田国広、戸川貴之の実践報告にもとづきながら、高校生の現状を踏まえて、どのような物語創作が可能なのかということを検証している。**佐野**の取り上げた三つの実践は、「文学国語」での創作指導に対する方向性を与えるものである。

いずれも創作と鑑賞を切り離さずに、一連の営みとして捉えていくような学習に取り組んでいる。物語や小説の創作を国語科のカリキュラムに組み込むことは、難しいことのように思われるかもしれないが、三つの実践が示唆しているように、物語や小説を読むことと連動した学習のつながりをつくっていけば、むしろ文学作品への深い理解を生み出していく契機になるし、人生における物語の重要性にも思いを及ぼすことができるだろう。物語ることが生きる上で持つ意味を発見することにつながるかもしれない。

短歌・俳句や物語に比して、劇や脚本は、多くの高校生にとってなじみの活動とは言いがたいのかもしれない。

しかし、身体化が伴うだけに、魅力ある学習をつくり出すことのできる領域である。**浅田孝紀**は、従来から少なからず報告された実践を考察しながら、この領域のあらたな可能性を探った。

現行・次期いずれの高等学校学習指導要領（国語科）にも、「文章を読んで脚本にする」活動は示されている。脚本化や「ラジオドラマ化」（ドラマ化）は、文学作品の内容を現実化し、動作化・身体化するというだけでなく、作品中の状況をイメージ化する働きがある。作品を具体化すると同時に、その書き換えの過程で、元の作品の読み直し、捉え直しが営まれ、理解が深められるのである。この点に、他の創作活動との違いを見出すことができる。

浅田は、西尾実による脚本の創作指導論を参照し、脚本創作が「日常一般の文書を書く能力を伸ばすためにも、一つの有力な契機」になり、脚本を書く技術が「コミュニケーション能力の向上のために必要」であるという主張を紹介しながら、その主張が現在にも通用するものであることを指摘している（Ⅲ第二章、pp.120-122）。浅田の捉える西尾の主張は、現代にあって、国語教育に限らぬコミュニケーション教育にも積極的に関与している劇作家・平田オリザの発言とも共通している（平田オリザ『わかりあえないことから―コミュニケーション能力とは何か―』講談社現代新書、二〇一二年等）。

自身の実践も含めた、いくつかの脚本を取り入れた国語教育実践を検討したうえで、浅田はこれからの課題として、頭を使って考えることと、新たな発見がもたらされるような学習を生み出すこと、そして、その学習成果を解釈し意味づける評価の方法論を編み出す必要性を指摘している。これらの課題に答えることで、生徒と教師がともに「創作」を学習する意義を確かめることができるだろう。それは、人生のどういう局面で「創作」経験が役立つのかということを考えることにもつながる。

俳句の創作指導については、本書で小林一貴と寺島健が論じているが、地域に根ざした短詩系文学創作指導として俳句を扱っているのが、田場裕規によるⅣ第二章である。田場は沖縄において、先駆的に俳句の授業づくりを行った、野ざらし延男、大城健、上江洲朝男の実践を取り上げた。田場によれば、いずれも「自立した表現者」として生徒を育てる俳句創作実践であった。

野ざらし延男の実践の大きな特徴を、田場は「生徒の日常生活や社会生活と切り離さない創作学習を構想した点」に見ている。野ざらしは、「俳句」を、生徒にとって日常や生活を反映する鏡であり、日常や社会を見つめつながる窓として考えていたのではないだろうか。田場が引く野ざらしの言葉には、「俳句」を学ぶことを通して、生き方を生徒に考えさせようとする表現が数多く見られる。「俳句」を「指導」するのではなく、「俳句」で生徒が人生や社会を見つめ、生き方を見つけることを「学ぶ」ことが目指されている。

「重箱型・言葉垂れ流し型」「標語型・スローガン型」「自己満足型」「季節チャンプルー型・季節チャンポン型」「落語型」という魅力的な「駄作の五つの型」（pp.171-172）は、単に「駄作」の「型」をあげているわけではなくて、言葉の魅力を失わせる言葉の使い方の見本のようなものである。こういう使い方を避けるようにせよ、と伝えた方がかえって生徒たちは魅力的な言葉の使い方を考えやすいと思われる。俳句にとどまらず、すべての表現に通じる言葉の振る舞い方を学ぶことのできるものである。

野ざらしの実践の考察に加え、大城健、上江洲朝男の実践の考察を行った上で、三者に共通する概念として田場は「共感」をあげている。「『共感』は単一的な概念ではなく、複合的な概念である。『共感』を構成するものは、自他の区別を維持しながら、認知的な要素と情緒的な要素がある。（中略）三つの実践に共通することは、自他意識を持ちながら、俳句実作で見出したものに対して、認知的にも、情緒的にも『共感』のシステムが存在している」（p.180）という田場の言葉は、ぬくもりを伴って三者の実践にかよう共通の願いを読み取ったものだが、それは同時に「沖縄」という、比類なき場所で生み出された実践だからこそ、わたくしたちに伝わるものでもある。

四　「創作」はことばの学びをどのようにひらくのか

本書にはイギリス、ベトナム、中国の創作指導に関する論考も寄せられている。もちろん、創作指導ということでは他の論考と共通するところも多いのだが、当然、三つの国の創作指導の背景は日本とは異なっている。日本の国語科における創作指導の課題のいくつかに答えるアイディアもそこには見られる。

1　創作の「サイクル」を重ねるカリキュラムの開発―創作における「協働」の可能性をひらく

中井悠加によるイギリスの詩の創作指導に関する論考では、「ワークショップ」の重要性が指摘されていた。中井は、その特徴を「刺激を積み重ねる時間」「読み合って反応を共有する時間」を多く設けて、「クリエイティブな思考を促すレッスン」を工夫するところに見ている。中井の取り上げる、イギリスの詩創作指導における「読み合って反応を共有する時間」ではとくに学習者が「詩の下書き」を見る（修正する）目を養ったり、教師や友達の支援を受けて詩を書き直したり、また、ポートフォリオで自分の学びを振り返りながら、創作における自己調整ができるよう目指されている。「読み合って反応を共有する時間」の強調は、日本の創作指導においても、とくに近年になって「共同」や「協働」がクローズアップされてきたことの意味を考えるうえで重要であると思われる。

イギリスにおける詩の創作指導では、「ミニレッスン」が頻繁に行われて詩の「書き方」や「読み方」、「直し方」が丁寧に教えられている。中井はその特徴を「なるべく多くの選択肢を蓄積すること」と「直し続ける機会を与え続けること」に見ている。そして中井は、イギリスのこうした指導のありようについて、「創作指導に対する不安を教師も子どもからも取り除く機能」を帯びるとしている。「試行錯誤の過程」を教室コミュニティで共有しながら次にチャレンジしていく「サイクル」を見て取ることができるところに、イギリスの詩創作指導の現在を捉えている。このような特徴を持つイギリスの詩創作指導には、「創作」能力が一時にうまれるものではなく、繰り返し積み重ねていくことによって育ちゆくものだという認識を見ることができる。また、「創作」行為の持つ教育力とはどういうものであるかを示してくれるものでもある。

2　学校カリキュラムと創作との関係に関する問題提起—人生における「創作」の意味

グェン・ド・アン・ニェンのベトナムの創作指導についての論考は、「創作指導」とは何かという問いを導くもので、田場の紹介した沖縄の俳句指導の視点と重ねてみることができる。冒頭に書かれているように「詩を詠んだり、物語を書いたりできる」ことは「文学才能」を持つ人の特権であるという考え方は、伝統的に日本でも強く、現在でもその考え方を持っている人は少なくない。

ニェンは、ベトナムの中等学校における「創作学習」を取り上げている。六年生（日本の小学校六年生にあたる）での「五言詩」の指導と七年生（日本の中学校一年生にあたる）での「六八体詩」、八年生・九年生での「七言詩」「八言詩」の創作指導である。いずれも定型詩をつくらせる指導であり、そのなかで修辞法や人称、語りと描写などが扱われている。紙幅の関係で、ニェンはあえて韻文の創作に焦点をあてているが、それらと並行して物語文など散文の創作指導が行われていることも示されている。

ただ、ベトナムに限ったことではないが、「受験」の壁はここでも厚く高い。ニェンも「いかに創作が楽しいと言っても、学業、試験の結果の方が重視されている」としている。「ホーチミン市にある公立中学校」に勤務経験のある先生によれば、「創作」は学校では殆ど行なわれていないのが「現実」であるという。だからこそ、ベトナムでは学校内よりも、学校外での「詩歌フェスティバル」や「文芸誌」への参加・投稿を通じて、「創作活動」が盛んであるとニェンはまとめている。もちろん、単純な比較はできないのかもしれないが、これは日本でも同様ではないかと思われる。

ベトナムの「六八体詩」他の定型詩の創作指導が充実していることは、ニェンの報告にある通りだが、ニェンの論考の【補説】として、村上呂里と那須泉が述べているように、「六八体詩」は沖縄の「琉歌」とも、リズムの上で通じ合うものである。考えてみれば、平安末期の歌謡集『梁塵秘抄』にもまた、八八八六を基本としたうたが少なからず収められている。「琉歌」や秘抄歌謡のなかには庶民の生活や思いが歌われているものが少なくない。ニェンの日本語訳を通じて触れることのできる「六八体詩」の内容にも同様のものが見られる。そう考えると、ベトナムにおいて創作活動が、「受験」突破という「実用」を第一とする学校カリキュラムの「外」でこそ盛んに行われているというのは、むしろ当然なことなのではないだろうか。おそらくそれは、「わたくしたち」の言葉を大切なものとして見なしてきたベトナムの歴史の反映である。いつの日か、その創作活動が自然なかたちで学校カリキュラムの「内」に位置づけられるとき、社会と教育も大きく変化しているかもしれない。

3　創作に向かう「意欲」をどのように引き出すか――「材料作文」という具体策

李軍は、中国現代において、「話題作文」にかわって増えつつある「材料作文」の考察を行っている。「材料作文」とは、李によれば、「ある『材料』の内容を読み取り、課題の要求に基づき自らテーマや題目、文体などを設定したうえで作文を書く形式」である。これは現代中国の教育の根幹をなす「素養教育」との関わりで重要な意味をもっていると李は言う。

「材料作文」には「寓話材料作文」「論理材料作文」「名言警句材料作文」「詩歌材料作文」「絵図材料作文」の五種類がある。とくに「絵図材料作文」は、林美千代が扱った創作指導における絵本の問題とも関連がつよい。日本にいち早く「看図作文」を紹介した鹿内信善の主張・提案にも通じている。また、李が考察している「絵図材料作文」の指導と評価の実際は、本書のなかで何度も引かれている大村はまの創作指導のいくつかとも共通している。

「材料」をもとにして、あるいは「材料」から刺激を受けて、創作に向かう「材料作文」のコンセプトは、李によれば、「個性の尊重」「個性の形成」「個性の発展」を目途とする「素養教育」や、また、OECDのPISAを支える能力観・学力観とも相性がいいと捉えられている。李は「題目や話題だけではなかなか作文を書けない学習者に、面白くて読み応えのある『材料』を提示することで、書く内容のヒントを得られるだけでなく、多様なものの見方や考え方に出会わせることもできる」という。現在のところ、「寓話」「論理」「名誉警句」「詩歌」「絵図」という五つの「材料」が開発されているとのことであるが、これらは「創作」に対するプロンプト（きっかけ、起点）でもある。

創作に向かうことができるかどうかを左右する条件は、一人ひとりの学習者によって異なっているはずだが、「材料作文」は、学習者によって異なる創作への動機づけに対する非常に具体的なアプローチであるように見える。これは、創作への「学習意欲」をどのように引き出すかという重要な問題提起であると考えることができる。

イギリス、ベトナム、中国という、遠く離れた国々でいま探究されている創作指導のそれぞれの特徴と課題は、日本の「創作指導」がいま直面している問題や、これから追求していかなければならない課題と奇しくも重なっている。これは偶然のことではなく、「創作」および「創作指導」のおもしろさとむずかしさが国境を越えるものだということでもある。協働による創作の活性化を求め、創作が人生において持つ意味を見極め、そして創作の学びの意欲を書き立てていくこと、のそれぞれは、日本のこれまでの創作指導を細やかに検討した各章の筆者たちの指摘した課題に、前向きに取り組む出発点をもたらしてくれる。

むすびにかえて――評価をどうするか――

武藤　清吾

文学創作の学習指導では、何をどのように評価するのかが問題になってきた。これまでは、創作を学ぶ過程を評価する方法、創作された成果物を評価する方法、評価テストの作成など、実践者によって独自の方法がとられてきた。一方で、文学創作の学習評価は数値を根拠にした相対評価となじみにくく、それが評価を難しくしてきたのが実際である。そのため、実践者は相対評価だけではない評価の観点と方法を模索してきたのである。

二〇〇二年の生徒指導要録改訂により、絶対評価を加味した相対評価としてきた評定方法が改められ、目標に準拠した評価による評定方法となった。指導と評価を一体のものとして指導をしていくことで、相対評価から絶対評価へと転換することになったのである。文学創作の学習指導における評価でも、この考え方を導入することで、文学創作における表現力や思考力をより適切に評価する方法も可能となった。

現在、学習指導の評価として、おおよそ四種類の方法が採られている。松下佳代（二〇一六）は、「学習者による自分の学びについての記述（感想文、ミニッツペーパー）」「質問紙調査（学習行動、学習者、興味・関心、能力などに関する質問紙）」「客観テスト（多肢選択問題、正誤問題、求答式問題）」「パフォーマンス評価（多様な作品や実演）ポートフォリオ評価（学習の証拠資料）」に分類している（括弧内は、松下が示した例）。文学創作の学習指導でも、これらの方法の一つだけを用いて評価するのではなく、学びの目的に応じて様々に組み合わせていくことが重要になっている。

文学創作の学びは、授業者の指導のもとに学習者が学習計画を立て、小説、児童文学、詩、短歌、俳句、演劇、寸劇の脚本など、具体的な成果物をつくることを目的とする場合が多い。その学びの過程で、必要な知識や技能を習得して、各自の表現力や思考力を育てていくのである。これらを適正に評価するためには、学びの最も肝要なところを効果的に評価する方法を採る必要がある。ここでは、その例として、パフォーマンス評価を活用した実践を見ておきたい。パフォーマンス評価は、近年関心の高まっている評価法である。

パフォーマンス評価は、「子どもが実際に特別の活動を行い、それを評価者が観察し、学力が表現されているかどうかを評価するもの」（西岡加奈恵（二〇〇三）、pp.140-143）である。この評価には、パフォーマンス課題とルーブリックが用いられる。パフォーマンス課題は学習者の学びを促す課題であり、「評価課題であると同時に学習課題でもあるという二重性を帯び」ている。ルーブリックは、「成功の度合いを示す数レベル程度の尺度と、それぞれの尺度に見られる認識や行為の質的特徴を示した記述語から成る評価基準表のこと」である（田中耕治編著（二〇一一）、p.31）。

萩尾徹子（二〇一一）は、俳句の創作指導でパフォーマンス評価を有効に活用している。俳句の鑑賞と創作を中心にした授業（全十一時間）で、「俳句

表

A　パフォーマンス課題	B　ルーブリック（3段階の3のみ示す）
俳句の大意を他者に説明することになった。他者に俳句の大意を理解してもらうには、ただその俳句を訳しただけでは伝わりにくい。そこで、情景や作者の心情を入れて大意を書くことになる。「万緑の中や吾子の歯生え初むる」という俳句の大意を読む他者に理解しやすい大意を書こう。	鑑賞文例を比較することで、情景を入れた大意の方が他者にわかりやすいということが理解できている。また、作者が五感で感じたであろうことをブレーンストーミングによってイメージを広げることができている。その際、万緑（木々の中）、吾子（我が子）、歯など句中の言葉とイメージを広げる言葉を使う際、その言葉を意味が通るように取捨選択したり、他の語に変えたりしている。

について調べる」「『俳句の可能性』（光村図書）を読み、俳句の鑑賞文の書き方を調べる」「教科書以外の俳句や短歌を使用し、大意の捉え方を調べる」「『俳句十六句』（光村図書）を読み、大意を書く」「俳句をつくる」の構成である。「俳句をつくる」は「俳句の形式で自分の経験をまとめる」「俳句を推敲する」「代表俳句を選ぶ」の三つの学びに取り組ませている。授業は、俳句の創作を急がずに、創作に向かうために鑑賞文の大意を捉える方法を理解させ、その上で実作に取り組ませている。

第五時では、「情景が目に浮かぶような大意の書き方を身に付けよう」をめあてに、まず大意を書くときのポイントを調べさせている。感想文の大意を捉える学びでは、「ちるさくら海あおければ海へちる」の大意の例として次の二文を示して比較させている。

・桜の花びらが散っている。海が青いので海に向かって散っている。
・磯の香に誘われて、海を見ようと高台に登った。その高台には一本の桜の木がある。桜の白い花びらが風に乗って青い海に散って海の青と花びらの白が対照的で、とてもきれいだ。花びらは海が青いので海へ向かって散っているのだろうか。

この二文を比較させ、どちらが情景を想像しやすいかを考えさせ、大意をつかむためには俳句中の語句をキーワードにして、五感を使って情景をイメージする方法を授業者が教えている。さらに「万緑の中や吾子の歯生え初むる」の大意を書く学びでは、パフォーマンス課題として表Aの課題を学習者に示している。

指導の手立てとしては、韻文の省略された部分を補うブレーンストーミング、作者の感覚を想起させる五感シートに取り組ませている。ある学習者は次のような大意を書いた。

昼下がり、一面の緑の中、とある親子がいました。親は我が子のはえつつある小さな歯をほほえましそうにながめていて、子供の方は草のそよぐ音を子守歌にして足にあたる草をくすぐったがりながら親のぬくもりに身をまかせて幸せそうにお昼寝をしていました。

この学習者は、「一面の緑」「我が子（赤ん坊）」「我が子の歯」「草のそよぐ音」「緑の青臭いにおい」「いい空気の味」「我が子の温かみ」の七つの語句をキーワードにして、大意を作成している。これらをすべて使ったわけではない。この俳句では、味覚や嗅覚の語句はなじみにくく感じてそれを外したと学習者は説明している。大意を作成するうえで、選んだキーワードを大意に入れる、外すという検討を重ねることで、たえずキーワードを意識することになり、それが大意の完成度を高くしたことがわかる。

授業者が用いたルーブリックは表Bである。この実践では、ルーブリックが三段階で示され、学習者のパフォーマンスがどの程度のレベルで実現できているかを示している。パフォーマンス課題ができたかできないかではなく、どの程度できたかを明確な指標で示すことができ、評価が授業者の主観に左右されないようになっている。しかも、学習者の思考過程や表現の工夫をみることができる。授業者も、ルーブリックを改善してより学習者にふさわしい内容にすることもできる。

この実践でわかるように、創作学習の評価は創作物に対しての評価を想起しがちであるが、この学びでは、創作に至る過程でそれ以前の鑑賞文における大意の捉え方の学びの場面で活用されている。鑑賞文の大意を作成する学びが次の俳句創作の内容を決定づけるという授業者の問題意識があるからである。

パフォーマンス評価の基本的な考え方は、国語教育の単元学習を中心にすでに実践されているものと共通している。これは、パフォーマンス評価の実質が言語活動評価であることによる。しかも学力の育成を明確な基準としていることを考えると、協働的な学びや単元学習での評価に有効である。文学創作の指導では、本書に掲載された多くの実践に学びながら引き続き様々な工夫が求められている。

本書のおわりにあたり、ご多忙な中を多くの実践報告の調査、分析を重ねて、貴重なご論考をお寄せくださった執筆者のみなさまに心より感謝申しあげます。また、全国的なお仕事を精力的に続けておられる山元隆春先生には、短い期間に心のこもった展望をお寄せくださり、執筆者を代表しまして御礼申しあげます。

刊行に際しまして、快く転載をお許しくださいました山本峰規子様のお母さま、教育出版㈱国語編集部のみなさまに感謝の言葉をささげます。

監修にあたってくださいました浜本純逸先生、編集をご担当くださいました㈱溪水社の木村逸司社長、木村斉子さんには、丁寧なお心配りをしていただきました。記して感謝申しあげます。

二〇一八年九月一四日　教育実習研究授業の日に

教科書の　弓持つ与一　じっと見る子

【文献】

田中耕治編著（二〇一一）『パフォーマンス評価　思考力・判断力・表現力を育む授業づくり』ぎょうせい
萩尾徹子（二〇一一）「表現力の豊かさを味わうことができる生徒を育てる韻文指導の一方途」同右、pp.126-134
西岡加奈恵ほか編（二〇一七）『パフォーマンス評価で生徒の「資質・能力」を育てる』西岡加奈恵・永井正人・前野正博・田中容子・京都府立園部高等学校・附属中学校編、学事出版
松下佳代（二〇一六）「アクティブラーニングをどう評価するか」、松下佳代・石井英真編著（二〇一六）『アクティブラーニングの評価』東信堂

索　引

【あ】

【か】

【さ】

【た】

【ま】

【や】

執筆者一覧

（執筆順　肩書は平成30年５月１日現在）

浜本純逸（はまもと　じゅんいつ）神戸大学名誉教授・元早稲田大学特任教授
武藤清吾（むとう　せいご）琉球大学教授
林　美千代（はやし　みちよ）愛知県立大学非常勤講師
山下　直（やました　なおし）文教大学教授
平野孝子（ひらの　こうこ）前東京都中野区立第三中学校教諭
小林一貴（こばやし　かずたか）岐阜大学准教授
佐野比呂己（さの　ひろみ）北海道教育大学教授
浅田孝紀（あさだ　たかき）東京学芸大学附属高等学校教諭
田場裕規（たば　ゆうき）沖縄国際大学准教授
寺島　徹（てらしま　とおる）金城学院大学教授
草野十四朗（くさの　としろう）活水高等学校・活水女子大学非常勤講師
木本一成（きもと　かずしげ）広島経済大学准教授
中井悠加（なかい　ゆか）島根県立大学短期大学部講師
Nguyễn Dỗ An Nhien（グユェン　ド　アン　ニェン）名桜大学非常勤講師
村上呂里（むらかみ　ろり）琉球大学教授
那須　泉（なす　いずみ）琉球大学・沖縄大学講師
李　軍（り　じゅん）早稲田大学講師
山元隆春（やまもと　たかはる）広島大学教授

ことばの授業づくりハンドブック

中学校・高等学校　文学創作の学習指導
――実践史をふまえて――

平成30年12月13日　発行

監修者　浜本　純逸
編　者　武藤　清吾
発行所　株式会社 溪水社
広島市中区小町1-4（〒730-0041）
電話082-246-7909　FAX082-246-7876
e-mail: info@keisui.co.jp
URL: www.keisui.co.jp

ISBN978-4-86327-443-3　C3081